KB038770

12사도와 떠나는
섬티아고 순례길

스페인에 '산티아고 순례길'이 있다면,
1004섬 신안군에는 '섬티아고 순례길'이 있다.

12사도와
떠나는
섬티아고
순례길

| 김병희 저 |

학지사비즈

추천의 글

　한 사람의 작은 생각이 어떻게 영글어 가는지, 그 시작과 전개 과정을 현지에서 지켜본 사람입니다. 1998년에 제가 기점교회에 첫 부임한 때부터 작은 섬과 섬을 이어주던 노둣길은 너무나 조용하고 좋았던 저만의 순례길이기도 했습니다. 바다가 훤히 트인 멋진 길인데 아직도 별다른 정보 없이 무작정 다녀가시는 분들이 많습니다. 이 책은 병풍도와 기점·소악도가 어떻게 순례자의 섬이 되고 어떻게 섬티아고 순례길이 되었는지 구체적인 사실을 바탕으로 설명하고, '섬티아고 순례길'에 대한 유익한 정보들을 담고 있습니다. 종교가 있는 분도, 없는 분도 이 책을 미리 읽고 오신다면 기대 이상으로 더 행복한 여행을 하시리라 믿습니다.

– 김대운
(신안군 병풍도 병풍교회 담임목사, 전 문준경 전도사 순교기념사업회장)

20년이 넘는 선교사로서의 삶이 알려 준 것은 삶이란 여행(순례)과 같다는 점입니다. 그래서 많은 분이 산티아고 성지 순례를 떠나겠지만 저에게 기회가 온다 해도 그 여정을 완주하기에는 벅차게 느껴집니다. 그러던 차에 김 교수님의 섬티아고에 대한 원고를 읽었는데, 귀국하면 그곳에 꼭 가보고 싶다는 생각이 들었습니다. 더욱이 이 책에서는 예수님의 12사도에 대해 생생히 알려 주며, 사도 한 사람 한 사람의 삶을 오늘날 우리에게도 소중한 주제인 건강, 행복, 감사, 기쁨, 사랑 등과 연결시켜 흥미롭게 설명하고 있습니다. 다음번 휴가 때에 한국에 가면 이 책을 들고 '섬티아고 순례길'을 돌아볼 생각에 벌써부터 마음이 설렙니다.

– 김일영 가브리엘

(한국외방선교회 신부, 파푸아뉴기니와 필리핀에서 선교 활동)

외딴곳! 예수님은 종종 '외딴곳'을 찾았습니다. 성경을 묵상하다 외딴곳이란 단어가 나오면 저도 모르게 숨이 멎습니다. 그 순간, 일상에 지친 제 몸과 맘이 갈릴래아의 평화로운 들녘으로 초대됩니다. 예수님은 제자들에게도 외딴곳을 권유했습니다. "너희는 따로 외딴곳으로 가서 좀 쉬어라."(마르코 6, 31)라고. 사람들은 왜 스페인의 산티아고 순례길을 찾을까요? 현대인에게는 그 공간이 바로 성경 속의 외딴곳이기 때문일 것입니다. 한국에는? 신안의 섬티아고 순례길이 있습니다. 가톨릭 신자이자 열정적 학자인 김병희 교수의 '섬티아고 순례길' 해설은 성경 묵상과 외딴곳의 의미, 그리고 다도해 특유의 자연미를 제대로 맛보게 해 줍니다.

— 이백만

(제15대 주교황청 한국대사)

관광이 사람들에게 얼마나 선한 영향력을 미치는지 평생토록 연구해 온 학자로서 이 책은 감동 그 자체였습니다. 이 책은 관광과 사색의 조화로운 만남을 구현한 섬티아고 순례길의 매력을 흥미진진하게 소개합니다. 책을 읽다 보면 보는 관광을 넘어서 깨닫고 돌아보는 관광의 가치와 섬 여행의 색다른 매력을 느낄 수 있습니다. 떠나십시오. 그곳에 가면 '자발적 가난과 즐거운 불편'이 왜 중요한지 그 가치를 생생히 체험할 것입니다. 이 책을 읽은 다음에 떠나느냐 그냥 허겁지겁 떠나느냐에 따라, 신안군 기점·소악도의 풍경이 다르게 느껴질 것입니다. 관광학 연구에 한 평생을 바친 관광전문가로서 이 책의 가치를 확실히 보증합니다.

— 이수범

(경희대학교 호텔관광대학 고황명예교수, 한국호텔외식관광경영학회 제12대 회장)

처음에는 단순한 관광 안내서일 것이라는 선입견을 가졌습니다. 최근에 신안군 퍼플섬이 가장 핫한 여행지로 떠올랐기 때문입니다. 하지만 책 원고를 읽는 순간 선입견은 깨졌고 여행의 깊은 매력을 발견했습니다. 여행과 관광의 원형은 순례 여행이라 더더욱 그러했습니다. 이 책에는 저자의 선한 인간성이 녹아 있습니다. 여행과 관광은 일상의 부족한 리듬을 회복시켜 주기 때문에 그 자체로 무한한 치유 기능을 가집니다. 이 책을 읽으며 '섬티아고 순례 길'의 여행 계획을 세우고 치유하는 삶도 기대하십시오. 12사도를 찾아 떠나는 아름다운 섬 여행에서 얻는 영적 구원은 단순한 여행을 넘어서는 형언할 수 없는 얻음이라 하겠습니다.

– 정병웅

(순천향대학교 관광경영학과 교수, 한국관광학회 제25대 회장)

머리말

호모 비아토르의 순례(巡禮)를 위하여

독자 여러분의 손에 쥐어진 이 책은 전라남도 신안군의 기점·소악도를 알리고 있지만 결코 여행 안내서가 아닙니다. 이 책은 '자발적 가난과 즐거운 불편'이라는 섬티아고 순례길의 콘셉트를 바탕으로 순례의 가치와 여행의 이유를 설명하는 인생 안내서입니다. 학자들은 인간의 특성을 다양한 각도에서 조명해 왔는데, 프랑스의 실존주의 철학자 가브리엘 마르셀(Gabriel Marcel, 1889~1973)은 인간의 이동 본능에 주목하였습니다. 그는 정주하지 못하고 이동하는 인간의 본능에 주목해 인간을 호모 비아토르(homo viator, 여행하는 사람)로 정의하였습니다. 사람이란 어느 한 곳에 머무르지 못하고 이동하는 과정에서 자신의 존재감을 확인한다는 뜻이었습니다. 여행이야말로 이동 본능의 최고 정점입니다. 우리는 모두 평생토록 떠도는 길 위의 여행자에 가깝기 때문입니다. 중세에 살았던 데레사 성녀는 지상에서의 삶이란 "낯선 여관에서의 하룻밤"에 불과하다는 귀한 말씀을 남겼습니다.

섬들의 천국인 전라남도 신안군에는 74개의 유인도를 비롯해 모두 1,025개의 섬(1004섬으로 통칭)이 있습니다. 망설임 끝에 출간하는 『12사도와 떠나는 섬티아고 순례길』에서는 많고 많은 섬 중에서 '기점·소악도'라 일컫는 5개의 섬(대기점도, 소기점도, 소악도, 진섬, 딴섬) 구석구석에 숨겨진 보석 같은 기도 공간으로 안내합니다. 그곳에 가면 예수님의 12사도의 흔적과 순교 정신이 고스란히 남아 있습니다. 12곳의 기도 공간을 따라가다 보면, 단지 보고 즐기는 여행이 아닌 비움과 치유를 느끼는 순례의 여정을 감동적으로 체험할 수 있습니다. 이 체험은 독자 여러분의 인생에 새로운 빛을 비춰 주고 새로운 시각을 열어 줄 것입니다.

섬에 대한 시를 많이 써서 섬의 시인으로 유명한 이생진 시인은 「바다에 오는 이유」(1972)라는 시에서 그 이유를 이렇게 표현했습니다. "누구를 만나러 온 것이 아니"라, "모두 버리러 왔다"는 것입니다. 자신의 나이와 이름도 버리고, 물처럼 떠 있고 싶어서 바다에 온다고 시인은 노래했습니다. 시인은, 그래도 바다는 "하늘도 가지고 / 배도 가지고 / 갈매기도 가지고" 있으니 "바다는 부자"라고 묘사했습니다. 놀라운 통찰입니다. 섬티아고 순례는 이런 마음을 가지고 떠나야 합니다. 12곳의 기도 공간은 가톨릭 신자나 개신교 신자만을 위한 공간이 아닙니다. 일반 관광객에게도 그곳은 사색의 공간이자 치유의 공간이 됩니다. 아름다운 기점·소악도에 가면 모두가 사색과 치유의 시간을 가질 수 있습니다.

이 책에서 서술한 내용을 간략히 소개하면 이렇습니다. 책의 서장에 해당되는 '섬티아고 순례길의 길라잡이'에서는 섬티아고 순례길이 어떤 의미를 갖는지 상세하게 안내하였습니다. 섬티아고 순례길의 콘셉트인 '자발적 가난과 즐거운 불편'의 의미가 무엇인지 살펴보고, 순례길 조성의 배경과 과정을 설명하였으며, 복음 말씀에 나타난 12사도에 대해 간략히 소개하였습니다. 섬티아고 순례를 떠나면 마음이 평온해지고, 영혼이 치유되며, 새로운 에너지를 얻을 수 있습니다. 일상에서 벗어나 섬에서 보내는 시간이 왜 특별한지 구체적인 이유도 서장에서 확인할 수 있습니다.

01 '베드로 사도와 건강의 집'에서는 자신의 건강을 되돌아보라고 제안하며, 베드로 사도의 생애와 교훈을 살펴보고, 복음 말씀에 나타난 건강한 삶의 의미가 무엇인지 살펴보았습니다.

02 '안드레아 사도와 생각하는 집'에서는 자신을 차분히 성찰해보라고 권고하며, 안드레아 사도의 생애와 교훈을 살펴보고, 복음 말씀에 나타난 생각의 창에 대해 설명하였습니다.

03 '야고보 사도와 그리움의 집'에서는 그리움을 쌓아 보라고 권유하며, 야고보 사도의 생애와 교훈을 되돌아보고, 복음 말씀에 나타난 참 그리움의 가치를 짚어 보았습니다.

04 '요한 사도와 생명평화의 집'에서는 생명평화를 느껴 보라고 강조하며, 요한 사도의 생애와 교훈을 짚어 보고, 복음 말씀에 나타난 생명평화의 구체적인 의미를 확인해 보았습니다.

05 '필립보 사도와 행복의 집'에서는 행복을 발견하라고 안내하며, 필립보 사도의 생애와 교훈을 되새기며, 복음 말씀에 나타난 행복한 삶의 지향점을 제시하였습니다.

06 '바르톨로메오 사도와 감사의 집'에서는 감사하는 마음을 채워 오라고 권유하며, 바르톨로메오 사도의 생애와 교훈을 반추하며, 복음 말씀에 나타난 감사의 뜻을 깊이 헤아려 보았습니다.

07 '토마스 사도와 인연의 집'에서는 인연을 키워 오라고 안내하며, 토마스 사도의 생애와 교훈을 살펴보고, 복음 말씀에 나타난 인연의 끈을 강조하였습니다.

08 '마태오 사도와 기쁨의 집'에서는 기쁨을 마음껏 누려 보라고 추천하며, 마태오 사도의 생애와 교훈에 대해 소개하고, 복음 말씀에 나타난 기쁨의 길이 무엇인지 고민하였습니다.

09 '작은 야고보 사도와 소원의 집'에서는 자기만의 소원을 빌어 보라고 제안하며, 작은 야고보 사도의 생애와 교훈을 살펴보고, 복음 말씀에 나타난 소원의 별이 무슨 뜻인지 그 의미를 제시하였습

니다.

10 '유다 타대오 사도와 칭찬의 집'에서는 오로지 칭찬만 생각하라고 부탁하며, 유다 타대오 사도의 생애와 교훈을 돌아보고, 복음 말씀에 나타난 칭찬의 물에 대해 설명하였습니다.

11 '시몬 사도와 사랑의 집'에서는 사랑을 전해 보라고 하며, 열혈당원 시몬 사도의 생애와 교훈을 해석하고, 복음 말씀에 나타난 사랑의 씨가 무엇인지 소개하였습니다.

12 '유다 이스카리옷 사도와 지혜의 집'에서는 지혜를 얻어 오라고 권유하며, 유다 이스카리옷 사도의 안타까운 생애와 교훈을 따져보고, 복음 말씀에 나타난 지혜의 숲을 둘러보았습니다.

유다 이스카리옷 사도는 처음에 12사도였지만 예수님을 배신하고 자살하였습니다. 그러자 사도들은 유다 이스카리옷을 배제하고 사도 한 명을 새로 뽑고자 했습니다. 후보자의 자격은 세례자 요한이 세례를 줄 때부터 예수님의 죽음과 부활·승천까지 줄곧 동행하였던 제자들 가운데서 부활의 증인이 될 만한 사람이었습니다. 요셉과 마티아, 두 사람이 최종 후보자로 낙점되었고 사도들은 두 사람 앞에서 기도를 드리고 제비뽑기를 해서 마티아(Matthias)를 유다 이스카리옷을 대체할 새 사도로 정했습니다(사도행전 1, 15-26). 마티아는 하느님의 선물이란 뜻의 그리스어 마티아스(Mattias)와 히브리어 마티티아(Mattithiah)에서 유래하였는데, 이름의 뜻대로 마티아는 하느님의 선물로 12사도가 되었습니다. 하지만 이 책에서는 마티아 사도에 대해서는 구체적으로 설명하지 않았습니다. 섬티아고 순례길의 마지막에 마티아의 집이 아닌 유다 이스카리옷의 집('지혜의 집')이 있어, 그 집에 대해서 설명해야 했기 때문입니다.

책 출간을 앞두고 오로지 감사하는 마음뿐입니다. 마치 바르톨로메오 사도를 기리는 '감사의 집'에 와 있는 것 같습니다. 이 책의 초고를 읽고 격려해 주신 가톨릭 한국외방선교회의 김일영 가브리엘 신부님께 가장 먼저 감사 인사를 드립니다. 신부님께 초벌 원고를 보내 드리고 나서 마음이 조마조마했습니다. 서둘러 책을 쓰기보다 신앙심을 더 단단히 다지는 일이 중요하다거나, 책 쓸 시간 있으면 묵주기도라도 한 번 더 바치는 시간이 중요하다거나, 초보 신자인 제 마음속에 이런 생각이 먼저 떠올랐기에 책 내기가 더 찜찜했습니다. 그리고 책을 출간하면 저 자신이 꽤나 열심인 신자로 오인될 가능성이 있다는 점도 걱정되는 대목이었습니다. 사실 저의 신앙심은 얕은 실개천 같은 수준이라 신앙의 신비를 느끼려고 계속 노력할 뿐입니다.

신앙을 지식 차원에서 접근하는 자세를 가장 경계해야 할 텐데도 신부님은 다음과 같은 메시지로 격려해 주셨습니다. "우리 자신은 아무것도 아니지만 그분께서 쓰시면 어떤 일이 일어날지 우리는 알지 못하잖아요. 저는 아주 감명 깊게 읽었습니다." 각자가 자신의 방식으로 신앙생활을 하는 것이 중요하다는 신부님의 말씀에 용기를 얻어, 부끄러움을 무릅쓰고 출간하기로 마음먹었습니다. 또한, 소화 데레사 자매님의 헌신적인 도움도 잊을 수 없습니다. 신앙심이 깊은 호수처럼 돈독한 자매님은 초고를 읽으며 오류를 꼼꼼히 수정해 주었고, 잘못 인용한 성경 구절도 바로잡아 주었습니다. 거듭거듭 감사합니다. 가브리엘 신부님의 격려와 소화 데레사 자매님의 도움이 없었다면 이 책은 결코 빛을 보기 어려웠을 것입니다.

여러분께서 이 책의 가치에 대해 정성껏 추천의 글을 써 주셨습니다. 현재 신안군 병풍도 병풍교회에서 사목 활동을 하시는 김대운 담임목사님, 현재 필리핀에서 선교사로서 복음 말씀을 전하고 있는 한국외방선교회의 김일영 가브리엘 신부님, 독실한 가톨릭 신자로서 청와대 홍보수석과 주교황청 한국대사를 역임하신 이백만 코바코 사장님, 평생 동안 우리나라 관광학 정립에 기여하시고 한국호텔외식관광경영학회 제12대 회장을 역임하신 경희대학교의 이수범 교수님, 오랫동안 우리나라의 관광산업 발전 방안을 탐구하시고 한국관광학회 제25대 회장을 역임하신 정병웅 순천향대학교 교수님께 깊은 감사의 말씀을 올립니다. 다섯 분이 보내 주신 추천의 글은 상투적인 주례사 같은 추천사가 아니라 자신의 독후감을 솔직 담백하게 서술한 내용이라 더 감동적이었습니다.

학지사에서 2023년 6월 말에 추진했던 신안군 퍼플섬 여행의 끝자락에서 책 집필의 아이디어를 얻었습니다. 기점·소악도의 순례 여정을 마치고 돌아오는 배의 갑판에서, 김진환 사장님께 누군가 섬티아고 순례길에 대한 책을 써 보면 좋겠다고 말씀드렸습니다. 사장님께서는 잠시도 망설이지 않고 김 교수가 직접 써 보면 어떻겠느냐고 응답하셨습니다. 이 책은 그렇게 해서 시작되었습니다. 가슴이 뜨거울 때 바로 써야 글을 더 잘 쓸 수 있다는 사실을 누차 경험하였기에, 집으로 돌아온 그날 밤부터 원고를 쓰기 시작해 3주 만에 초고를 탈고했습니다. 학지사의 김진환 사장님과 최임배 부사장님 그리고 편집부의 김순호 이사님과 영업부의 김은석 상무님과 함께 여행을 하였기에, 이 책이 세상에 나올 수 있었습니다. 한국공공브랜드진흥원의 김유경 원장님과 문화체육관광부의 김현환 전 차관님 그리고 학지사 집현전의 교수님들도 그 여정에 동행했기에, 더 즐거운 여행이 되었습니다. 문화예술 행정으로 인구소멸시대를 슬기롭게 극복해 온 신안군의 박우량 군수님과 이정수 기획홍보실장님을 비롯해, 사진 자료를 쓰도록 허락해 준 신안군의 사진작가님과 주춘규 계장님께도 감사하는 마음을 전합니다.

책을 읽다 보면 전남 신안군 기점·소악도의 섬티아고 순례길이 어떻게 관광과 사색의 조화를 이루게 되었는지 발견할 수 있습니다. 그곳에 가면 영혼의 안식을 누리는 동시에 자연 속에서 치유하는 기쁨도 맛볼 수 있습니다. 이러한 경험은 독자 여러분에게 인생에 대한 새로운 시각과 깊은 통찰을 안겨 줄 것입니다. 12킬로미터의 섬티아고 순례길을 통해 그리스도교인은 영성의 의미와 가치를 찾을 수 있고, 종교가 없는 일반 방문객은 스스로를 성찰하는 시간을 가질 수 있습니다. 12곳의 기도 공간은 종교를 떠나 모두에게 쉼터 기능을 제공합니다. 『12사도와 떠나는 섬티아고 순례길』은 독자 여러분이 찾고 있던 인생의 길을 알려 주는 여정이 될 것입니다. 이 책이 여러분의 마음에 새로운 빛을 비추며 사색과 치유의 안내서가 되기를 바랍니다. 신안군의 기점·소악도로 떠나세요, 호모 비아토르여! 예수님의 12사도가 저만치에서 독자 여러분을 활짝 반기며 다가올 것입니다.

2024년 1월

김병희

차례
C O N T E N T S

섬티아고 순례길의 길라잡이

자발적 가난과 즐거운 불편

스페인에 800킬로미터의 산티아고(Santiago de Compostela) 순례
길이 있다면, 우리나라에는 12킬로미터의 섬티아고 순례길이 있습
니다. 그 섬에 가면 일상에 지친 나를 내려놓고 내 안의 나를 만나는
시간이 당신을 기다립니다. 설렘과 떨림, 이 두 단어만 가지고 전라
남도 신안군 기점·소악도로 섬티아고 순례를 떠나십시오. 예수님
의 12사도가 당신을 기다리고 있습니다.

사람들 사이에 섬이 있다
그 섬에 가고 싶다

정현종 시인의 「섬」(1978)이란 시를 읽다 보면 지금 바로 배낭을 꾸려 그 섬에 가고 싶다는 충동이 일어납니다. 섬에 대한 동경심 때문에 가슴이 들뜹니다. 단 두 줄의 시가 마음을 흔들어 놓습니다. 섬이란 무엇일까요? 급하게 사진만 찍고 돌아오면 섬이 안겨 주는 숨은 매력을 놓치게 됩니다. 섬은 쉬엄쉬엄 천천히 돌아봐야 합니다. 쉬엄쉬엄쉬엄쉬엄…… 이렇게 계속 반복하다 보면 나중에는 섬섬섬섬…… 섬섬…… 섬이 됩니다. 섬에 가서는 가다가 멈추는 섬, 스톱(stop)이 중요합니다. 그래서 섬은 섬입니다.

전라남도 신안군에는 자그마치 1,025개의 섬이 있고, 그중 76개가 유인도입니다. 개성적인 섬들로 넘쳐나는 지역인데, 보통 1,025개의 섬이 있다고 말하지 않고, 사람들이 알기 쉽게 1004섬으로 통칭하고 있습니다. 천주교나 개신교 신자가 아닌 다른 종교를 믿는 어떤 분들은 1004라는 숫자가 하늘의 사도인 천사(天使)를 상징하고 특정 종교를 대변한다며 항의했다는데, 이는 지나친 확대 해석이자 옹졸한 해석입니다. 선한 일을 하는 사람을 보통 천사라고 부르듯이, 천사란 말은 종교적 의미를 떠나 오래 전부터 일상생활에서 자주 쓰이는 보편적인 용어가 됐습니다.

신안군은 색깔이 사람을 끌어들이는 컬러 마케팅, 꽃과 나무로 지역을 재생하는 그린 마케팅, 예술로 지역에 활기를 불어넣는 아트 마케팅을 전개함으로써 인구소멸시대를 슬기롭게 극복해 왔습니

섬티아고 순례길의 길라잡이

다.[1] 신안군에 있는 1004섬에서 최근에 가장 주목을 받는 곳은 안좌면의 반월도와 박지도를 아울러 일컫는 퍼플섬(purple island)입니다. 2021년에 유엔세계관광기구가 세계 최우수 관광마을로 선정한 곳입니다. 퍼플섬에서 가장 주목할 만한 퍼플교는 두리—박지 구간의 547미터와 박지—반월 구간의 915미터를 합쳐 모두 1,462미터의 보랏빛 다리인데, 퍼플교를 비롯해 온통 보랏빛 섬이 만들어지기까지의 모든 과정에 주민들이 참여했습니다.

어떤 관광객은 퍼플섬 초입에서 바다에 펼쳐진 1,462미터의 보랏빛 다리(퍼플교)를 바라만 봐도 심장이 두근두근 떨려오는 행복한 경험을 할 수도 있습니다. 보랏빛 컬러 마케팅의 위력입니다. 사시사철 보랏빛이 만발한 퍼플섬이 탄생하자, 번잡한 일상사로 심신이 지친 사람들은 반월도와 박지도의 아름다운 풍광을 보며 감동과 위로를 받았습니다. 보랏빛 컬러 마케팅이 고령화가 급속히 진행되던 섬을 활기찬 섬으로 탈바꿈시켰다고 평가할 수 있습니다. 이제, 퍼플섬은 전국적인 관광 명소를 넘어 세계 주요 언론의 집중 조명을 받으며 세계 시민들의 주목을 끌고 있습니다.

현재 신안군을 알리는 가장 중요한 명소는 퍼플섬이지만, 퍼플섬이 주목받기 전에 신안군을 전국에 알린 곳은 증도면에 있는 기점·

---

1   김병희, 김신동, 홍경수(2022). 『보랏빛 섬이 온다: 인구소멸시대의 문화예술행정 이야기』. 서울: 학지사.

퍼플섬의 밤 풍경 ⓒ 신안군

퍼플섬의 낮 풍경 ⓒ 김병희

소악도였습니다. 기점·소악도는 유네스코에 등재된 생물권보존지역이자 람사르(Ramsar) 습지로 지정된 지역입니다. 우리 정부도 갯벌도립공원이자 습지보호지역으로 지정했는데, 섬 주변의 갯벌과 바다에는 굴, 조개, 망둥이, 칠게, 농게, 짱둥어, 갯고동, 낙지 등이 서식하고 있습니다.

신안군 증도면의 병풍도 앞바다에는 낮은 언덕과 야산으로 이루어진 보석처럼 작은 섬 다섯 개가 드넓은 갯벌에 박혀 있습니다. 바로 기점·소악도입니다. 대기점도, 소기점도, 소악도, 진섬, 딴섬 같은 재미있는 이름의 크고 작은 섬 다섯 개를 묶어 기점·소악도라 부릅니다. 이 섬들에는 예수님의 열두 제자의 이름을 딴 12곳의 기도 공간이 자리 잡고 있습니다. 그래서 12곳의 기도 공간을 연결한 길 이름을 '순례자의 길'이라고 합니다. 국내외 건축 미술 작가들이 참여해서 완성한 12곳의 기도 공간은 종교와 상관없이 건축 예술품 자체만으로도 미학적 가치가 충분합니다. 기점·소악도에는 크고 작은 호수나 200여 곳의 저수지가 있어 연인들은 웨딩 화보를 촬영하려고 이곳을 찾기도 합니다. 최근 들어 사진과 영상을 촬영하기 위해 이곳을 찾는 젊은 청춘들의 발길이 바빠지고 있습니다.

보석처럼 작은 다섯 개의 섬들은 만났다 헤어지기를 반복합니다. 12곳의 기도 공간을 모두 둘러보려면 네 개의 노둣길과 하나의 바닷길을 건너야 합니다. 바다에 떠 있는 엄마 섬 역할을 하는 증도면 병풍도를 비롯해 대기점도, 소기점도, 소악도, 진섬 같은 5개의 섬과 섬 사이는 노둣길로 이어져 있습니다. 진섬과 딴섬 사이에는 노 둣길이 없어, 썰물로 바닷물이 빠져야 진섬에서 딴섬으로 건너갈 수 있습니다. 한 번 방문해서 기점·소악도의 순례길 전체를 걷고자 한 다면 노둣길이 열리는 물때를 사전에 파악해야 합니다.

밀물 때 차오른 바닷물이 빠져나가면 수평선은 어느새 지평선으 로 변합니다. 오래 전부터 섬 주민들은 그 틈에 돌을 던져 섬과 섬 사이를 잇는 길을 만들려고 했습니다. 노둣길이란 주민들이 섬과 섬 사이의 갯벌에 돌을 쌓아 만든 징검다리 길입니다. 섬 주민들이 발이 푹푹 빠지는 갯벌을 건너기 위해 펄 밭에 돌을 던져 채우고 다 시 채우기를 수없이 반복해서 만든 길입니다. 지금은 돌로 만든 징 검다리에 시멘트 포장을 해서 자동차 통행도 가능하지만 높이가 아 주 낮습니다. 시멘트 포장길인데도 노둣길은 차량 한 대가 지나갈 정도로 폭이 좁아 자동차의 교행은 어렵습니다. 그래서 건너편에 차량이 보이면 잠시 기다렸다가 지나가야 합니다.

밀물 때 바닷물이 들어와 섬과 섬을 잇는 노둣길이 바다 속으로 잠수를 타 버리면 연결된 섬들이 다시 5개의 섬으로 갈라지는 신비 한 장면을 연출합니다. 5개의 섬을 잇는 노둣길을 연결하면 우리나 라에서 가장 긴 노둣길이 됩니다. 섬과 섬 사이의 노둣길이 병풍도 에서 대기점도까지는 975미터, 대기점도에서 소기점도까지는 217미터, 소기점도에서 소악도까지는 373미터, 두 개의 소악도를 연결하는 노둣길은 241미터로, 총 길이가 1,770미터에 이릅니다.

섬티아고 순례길의 길라잡이

그리고 병풍도에서 신추도까지 210미터를 모두 합치면 병풍도로 연결되는 모든 노둣길의 길이는 1,980미터입니다. 그래서 우리나라에서 가장 긴 노둣길이라고 합니다.

노둣길은 사라졌다가 나타나기를 하루에 두 번씩 반복합니다. 밀물이 되면 바닷물이 차올라서 길이 사라지고 약 4시간 뒤에 썰물이 되면 다시 길이 나타납니다.[2] 하루에 두 번씩 만조(滿潮, 조수 간만의 차에 따라 바닷물이 가장 꽉 차게 들어왔을 때의 밀물) 때마다 3시간 동안 길이 사라집니다. 마치 모세가 홍해를 가르듯 썰물로 물이 빠져야만 다닐 수 있기에 노둣길은 '기적의 순례길'이라고도 부릅니다. 기점·소악도에 물이 들어오기 시작하면 모든 순례자는 잠시 멈춰야 합니다. 물에 잠기기 전에 노둣길이 조금 보인다고 바로 지나가면 위험합니다. 노둣길이 사라지면 느긋하게 주변을 산책하며 썰물 때까지 기다리면 됩니다. 노둣길에는 자연의 시간에 따라 이어가고 쉬어 가기를 반복하는 특별한 매력이 있습니다. 생각하기에 따라 노둣길은 명상의 공간이 되기도 합니다. 물이 넘치면 기다리고, 물이 빠지면 건너면 됩니다. 빠름과 편리함이 익숙한 우리에게 노둣길은 자연스럽게 멈춤의 소중함을 일깨워 줍니다.

노둣길로 연결된 다섯 개의 섬에 있는 12곳의 기도 공간은 실제로

---

2   신안군청(2023a). "기점·소악도 소개 홈페이지." http://xn-o39aqqe10c0sbhdt5n5q e.com/?sid=67.

스페인의 '산티아고 순례길'을 본보기 삼아 만들었습니다. 에스파냐어로 산티아고는 성 야고보를 뜻합니다. 사람들은 노둣길로 연결되는 12곳의 기도 공간을 스페인의 산티아고 순례길에 빗대 '섬티아고 순례길'이나 '한국의 섬티아고'로 부르기 시작했는데, 이제 이 말이 보편화됐습니다. 유네스코세계문화유산으로 지정된 산티아고 순례길이 800킬로미터라면, 섬티아고 순례길은 12킬로미터에 불과합니다. 신앙의 문제에서 가성비를 따지는 것 자체가 정말 어이없는 일이지만 이 짧은 거리에 12곳의 기도 공간이 있으니 가성비가 꽤 높다고 하겠습니다.

섬티아고 순례길은 순례자만 걷는 길이 아닙니다. 홀로 걷는 여행자, 두 바퀴로 섬을 누비는 자전거족, 스몰 웨딩을 치르는 연인 등 즐길 수 있는 방식이 다양합니다. 높낮이가 거의 없어 무진장 걸어도 걷기 좋은 산책길입니다. 그러나 순례길은 순환 길이 아닙니다. 걷다가 다시 되돌아오기를 반복하기도 합니다. 12킬로미터의 길 주변에는 바다와 갯벌 그리고 야트막한 언덕뿐이라 싸목싸목('천천히'의 전라도 방언) 걷다 보면 복잡한 머리를 비우고 어느새 저절로 순례자가 되는 신기한 경험을 할 수 있습니다.

섬티아고 순례길의 콘셉트는 '자발적 가난과 즐거운 불편'입니다. 사실 현대인들은 너무 편리함만을 추구하며 살고 있습니다. 조금 가난하게 살고, 조금 불편하게 살아야 이전에 느끼지 못한 것들을 느낄 수 있습니다. 섬티아고 순례길은 잘 정비된 길이 아닙니다. 조

섬티아고 순례길의 길라잡이

금 불편해도 괜찮다는 마음으로 그동안 편하게 살아온 일상을 돌아보며 걸어가야 제 맛입니다. 12곳의 기도 공간은 선착장, 노둣길, 마을 어귀와 언덕, 해안과 저수지 가운데를 비롯하여 섬 곳곳에 저마다 다른 개성으로 자리 잡고 있습니다. 3평 남짓한 단층으로 울타리도 없고 문은 열려 있어 거리낌 없이 들어가 볼 수 있어, 규모가 너무 커서 문을 밀고 들어가기 부담스러운 도시의 교회와는 사뭇 다릅니다. 길가에 바로 붙어 있으니 언제든 눈과 비를 피해갈 수 있는 쉼터가 되기도 합니다.[3]

섬티아고 순례길의 보너스는 대기점도와 노둣길로 연결된 병풍도에 들러 맨드라미 정원을 둘러보는 것입니다. 병풍도의 맨드라미 정원에는 '12사도상'과 '천사의 상'이 있습니다. 기점·소악도(대기점도, 소기점도, 소악도, 진섬, 딴섬)에 가려면 병풍도를 거쳐야 합니다. 10월에 섬티아고 순례를 떠난다면 해마다 10월에 열리는 맨드라미 축제를 구경할 수 있습니다. 신안군은 섬마다 지붕을 고유한 색으로 물들이는 색채 경관을 중시합니다. 다시 말해서 컬러 마케팅을 전개하는데, 병풍도는 맨드라미 색깔에 알맞게 민가의 지붕을 빨갛게 칠했습니다. 맨드라미의 꽃말은 변치 않는 사랑입니다. 맨드라미 색깔에 맞춰 모든 지붕을 빨갛게 칠했는데, 섬 전체가 불타오르

---

3 조남대(2021. 10. 15.). "1004섬 신안 앞바다 섬티아고 순례길 걸으며." 중앙일보
   https://www.joongang.co.kr/article/25015189#home

는 것 같은 이색적인 풍경입니다(여행 문의: 신안군 병풍도 관리사무소 061-240-5409).

대기점도는 사람보다 고양이가 더 많이 살고 있는 고양이 천국입니다. 30여 가구의 섬 주민들과 300~400마리의 고양이들이 함께 살고 있습니다. 섬의 집집마다에는 고양이들이 부엌과 마루를 차지하고 있는 장면을 쉽게 목도할 수 있습니다. 30여 년 전에 마을이 들쥐로 인해 극심한 피해를 입자 쥐를 없애기 위해 고양이를 섬에 들여와 키우기 시작했습니다. 쥐로 인한 피해는 많이 줄었지만, 섬에 살던 개들이 천적인 고양이를 무는 일이 빈번하자 주민들이 섬의 모든 개를 뭍으로 내보냈다고 합니다. 그 후 30여 년이 지나는 동안 대기점도는 개 한 마리 없는 고양이 천국이 되었습니다. 섬 가운데 가장 큰 대기점도에는 행복의 집(필립보), 생명평화의 집(요한), 그리움의 집(야고보), 생각하는 집(안드레아), 건강의 집(베드로)이라는 5개의 집이 제각각 건축미를 뽐내며 방문객을 맞이합니다. 건강의 집은 대기점도 선착장에 있습니다.

▶ 섬티아고 순례길의 여행 준비

① 신안군 송공항에서 배 타기

섬티아고 순례길에 대한 자세한 정보는 기점·소악도 홈페이지(기점소악도.com) 또는 신안군청의 '가고싶은섬' 팀(061-240-8687)에서

얻을 수 있습니다.[4]

먼저, 목포역 앞에서 130번 버스를 타면 신안군 압해도 송공항에 도착합니다. 송공항까지 택시를 이용할 수도 있고, 직접 자동차를 운전해서 갈 수도 있습니다. 기점·소악도로 가는 배는 보통 압해도의 송공항 선착장에서 출발하지만 지도읍의 송도항 선착장에서도 갈 수 있습니다. 목포에서 압해도까지 압해대교가 놓이면서 기점·소악도로 가는 길이 편해졌습니다. 배편은 매일 압해도 송공항에서 오전 6시 50분부터 오후 4시 40분까지 4~5회 운항합니다. 보통 1시간 정도면 대기점도 선착장에 도착하는데, 송도항 선착장에서 병풍도 선착장까지는 25분 정도 걸립니다. 배 시간은 계절과 물때에 따라 바뀔 수 있습니다.

배에는 승용차 15~20대 정도를 실을 수 있습니다. 송공여객선 터미널은 목포에서 압해대교로 이어지는 압해도(신안군청 소재지)의 끝자락과 천사대교(압해도에서 암태도를 연결하는 긴 다리) 시작점 옆에 위치합니다. 개인 차량으로 접근할 수 있으며 주차장도 넓습니다. 개인마다 순례길을 대하는 태도가 다르고 체력도 다르니 차량을 가지고 갈 것인지 말 것인지 자신에게 알맞게 선택해야 합니다. 차량 없이 걸어 다녀야 순례의 참맛을 느끼겠지만, 길이도 12킬로

---

4   신안군청(2023b). "가고 싶은 섬 신안 홈페이지."(https://shinan.go.kr/home/www/page.wscms)

미터에 이르고 걷는 데 3~4시간 정도가 걸리는 만만치 않은 여정이
니 각자의 사정에 알맞게 결정해야 합니다.

② 송공항에서 병풍도 가는 배 시각

송공항에서 배를 타고 병풍도까지 갈 수 있습니다. 송공항 선착장
에서 오전 6시 50분부터 오후 3시 10분까지 병풍도로 가는 천사아
일랜드호가 하루 4번 떠납니다. 계절에 따라 출발 시간이 달라질 수
있기 때문에 여행을 떠나기 전에 배 운영 회사에 연락해 미리 확인
하는 게 좋습니다(해진해운 061-279-4222). 송공항에 도착해 신분증
을 제시하고 배표를 구입하면 됩니다. 자동차를 배에 싣는다면 추
가 비용을 내고 편도나 왕복으로 표를 구입할 수 있습니다. 섬에서
뭍으로 나올 때는 아무 시간대의 배표를 가지고 아무 배나 타고 나
오면 됩니다. 왕복을 원하지 않으면 편도 표만 구입하면 됩니다. 되
돌아 나올 때는 대기점도나 병풍도에 매표소가 따로 없으니, 배 안
에서 직접 표를 끊으면 됩니다.

섬으로 들어가는 배는 '송공항 → 당사도 → 소악도 → 매화도 →
소기점도 → 대기점도 → 병풍도' 순으로 운항합니다. 뭍으로 나오
는 배는 '병풍도 → 매화도 → 소악도 → 당사도 → 송공항' 순으로,
들어간 배가 병풍도에서 곧장 뱃머리를 돌려 되돌아옵니다. 송공항
으로 되돌아올 때는 대기점도와 소기점도에서는 배를 탈 수 없습니
다. 대기점도와 소기점도에서 병풍도 방향으로 가는 배를 타면, 병

풍도에서 뱃머리를 돌려 매화도를 거쳐 송공항으로 되돌아옵니다.

③ 순례를 더 잘 하는 방법

섬티아고 순례길은 소악도에서 시작해도 되고 대기점도에서 시작해도 됩니다. 걷는 속도에 따라 다르겠지만 편도 12킬로미터의 순례길 전체를 다 도는 데는 도보로 3~4시간 정도 걸립니다. 보통 섬티아고 순례를 시작하는 1번 '건강의 집'은 대기점도의 대기점 선착장에 있습니다. 선착장과 연결되는 300미터 길이의 곡선 방파제 끝에는 전기자전거 대여소가 있습니다. 신안군은 시간이 촉박한 분들을 위해 전기자전거 대여소를 설치했습니다.

순례길은 가급적 걷기를 추천합니다. 싸목싸목 걸어가야 더 많은 것을 느낄 수 있습니다. 대기점도 선착장에 내려 1번 '건강의 집'에서부터 12번 '지혜의 집'까지 번호가 매겨진 순서대로 걷다가 소악도 선착장에서 배를 타고 압해도로 나가는 방법도 있습니다. 일정에 따라서는 소악도 선착장에 내려 순례길을 거꾸로 거슬러 올라가는 여행자들도 있습니다.

걷다가 힘들면 소기점도에 있는 게스트하우스에서 쉬어갈 수도 있습니다. 병풍리의 5개 섬에서 가장 번듯한 숙박 시설인데 마을기업에서 운영하며 카페와 식당을 겸하고 있습니다. 소기점도에서는 게스트하우스와 민박집에서 숙식이 가능합니다. 노둣길이 잠기는 물때와 배편은 여행자센터(061-246-1245)에 미리 확인해야 합니다.

바다타임(www.badatime.com) 앱에서 신안군 중도면 병풍도·소악도를 검색해 봐도 물때를 확인할 수 있습니다. 만조 시각을 전후해서 1시간 30분 정도는 섬에서 섬으로 이동할 수 없다는 점을 고려해야 합니다. 특히 12번 '지혜의 집'이 있는 딴섬에는 밀물 때는 절대 들어갈 수 없으니, 물때가 신경 쓰인다면 도착하자마자 먼저 딴섬부터 다녀오시기를 권합니다.

순례길 조성의 배경과 과정

기점·소악도는 2023년 말 기준으로 인구 83명이 살고 있는 작은 섬입니다. 외부인이 거의 찾지 않고 고향을 떠난 젊은이들도 다시 돌아오지 않을 정도로 오지에 가까운 섬이었습니다. 기점·소악도는 지난 2017년에 전라남도의 '가고 싶은 섬' 사업에 선정돼 40억 원의 사업 예산으로 취약한 생활기반과 문화관광 시설을 확충하면서부터 변화가 시작됐습니다. 이 사업은 일상에 지쳐 휴식과 위안이 필요한 사람들에게 스스로를 돌아볼 시공간을 기점·소악도에 만들어 주자는 목적의 사업이었습니다.

섬 기획 전문가인 윤미숙 전문위원이 제안한 순례길 아이디어를 바탕으로 신안군 공무원들과 주민들이 머리를 맞댄 결과, 스페인의 산티아고 순례길 같은 '12사도 순례길'을 만들자는 결론을 얻었습니다. 저 유명한 산티아고 순례길에서 힌트를 얻어 기점·소악도를 '순례자의 섬'이라는 새 이름도 붙였습니다. 신안군과 주민들은 다섯 개의 섬을 '순례자의 섬'으로 불렀고, 전문 작가들은 기도 공간 12곳을 짓고 하나의 길로 연결했습니다. 100여 명의 주민들도 그대로 두면 앞으로 무인도가 될 수도 있겠다는 위기감을 느끼며, 사람이 찾아올 섬을 만들기 위해 고심 끝에 소중한 토지를 내놓았습니다.

섬티아고 순례길은 한국 성결교 최초의 자랑스러운 순교자로 알려진 문준경(1891~1950) 전도사와 관련성이 높습니다. 순례길은 신안군 지도와 증도 일대에서 복음을 전하다 순교한 문 전도사의 전도 길을 일부 복원하고, 그 분의 숭고한 정신을 따르자는 뜻에서 꾸민 길입니다. 전라남도 신안군 증도면 문준경길 234에는 '문준경 전도사 순교기념관'(http://www.mjk1004.org/)이 있습니다. 지난 2013년 5월에 순교기념관 봉헌 및 개관식을 한 이후 지금까지 많은 분이 찾는 곳입니다. 섬티아고 순례길은 문준경 전도사의 '사명의 길'을 재현했다는 성격이 강합니다. 그리스도교인은 영성의 의미와 가치를 찾을 수 있고, 종교가 없는 일반 방문객은 순례길에서 스스로를 성찰하는 치유의 시간을 가질 수 있습니다. 12곳의 기도 공간은 종교를 떠나 모두에게 쉼터 기능을 제공합니다.

신안군 암태도 출신인 문 전도사는 1908년에 17세의 어린 나이에 정모 씨와 결혼하여 지도에서 살았습니다. 36세에 목포로 건너가 북교동성결교회에서 부흥사인 이성봉 목사(당시 전도사)를 만나 신앙생활을 시작했습니다. 40세에 서울의 경성성경학원(현 서울신학

대)에서 청강생 자격으로 신학을 공부한 다음 증도로 돌아왔습니다. 돛단배를 타고 다니거나 노둣길을 걸어서 섬 마을을 순회하고, 임자도와 증도를 비롯한 이 섬 저 섬을 다니며 복음을 전파하고 교회를 개척했습니다.

문 전도사는 단지 복음을 전파하는 데만 그치지 않고 주민들의 일상생활을 헌신적으로 도왔습니다. 가난한 사람에게는 벗이 되고, 아픈 사람에게는 의사가 되고, 임산부에게는 산파로 봉사한 헌신적인 선교 활동이었습니다. 문 전도사는 한 해에 고무신이 아홉 켤레나 닳았을 정도로 열정적으로 선교했습니다. 문 전도사는 한국전쟁 때 체포됐다가 1950년 59세에 증도 바닷가에서 인민군에게 총살당해 순교하였습니다. 문 전도사가 개척한 교회는 신안군에 100여 곳이 있습니다. 증도에서만 11개의 교회를 개척했는데, 그래서인지 신안군 증도면에는 주민의 80~90%가 기독교인입니다.

한국전쟁 때 희생된 민간인과 종교인들이 상당히 많은데 유독 문준경 전도사를 추모하는 사람들이 많은 이유는 그분이 한평생 거룩한 삶을 살았기 때문입니다. 신앙을 전도하려는 목적 외에도 섬사람들의 벗이자 어머니 역할을 했으며, 자기 목숨을 돌보지 않고 전도사로서의 소임을 다했습니다. 문준경 전도사를 추모하는 사람들은 그분을 '한국의 테레사 수녀', '섬 선교의 어머니', '여자 사도 바울' 같은 별칭으로 부릅니다. 별칭이 많다는 것은 그분을 추모하는 사람들이 그만큼 많다는 증거입니다.[5]

그렇다면 누가 기점·소악도에 섬티아고 순례길을 만들었을까요? 이낙연 전 전남지사가 재임하던 2017년에 기점·소악도는 전라남도의 '가고 싶은 섬' 사업에 선정됐고, 경남 통영의 동피랑 벽화마을 조성을 주도했던 섬 기획 전문가 윤미숙 전문위원은 건축 미술을 설치해 순례길을 만들자는 아이디어를 제안했습니다. 윤 전문위원이 기점·소악도에 처음 갔을 때는 갯벌뿐인 섬을 어떻게 가꿀지 막막했다고 합니다. 그는 마을 주민 대부분이 기독교인이라는 사실에 주목해 순례길에 기도 공간을 설치하기로 결정했습니다. 하지만 길을 만들고 기도 공간을 건축하는 과정은 결코 순탄치 않았습니다.

주민들은 여러 이유를 들어가며 각자가 거주하는 섬에 게스트하우스 같은 중요 시설을 설치해야 한다며 치열한 다툼을 벌였습니다. 2018년 11월에는 주민들 사이에 의견 일치를 이루지 못해 사업이 잠시 취소되기도 했습니다. 박우량 신안군수는 사안의 심각성에 주목해 2018년 11월 15일에 5개 섬의 대표 주민 14명을 군수실로 모이게 한 다음 간담회를 열었습니다. 박 군수는 참석자들에게 모두가 하고 싶은 말을 다 하되 의견이 통일될 때까지 집에 가지 말자고 제안하며 군수실 문을 닫았습니다. 오후 3시경에 시작된 회의는 저녁 9시경이 돼서야 끝났습니다. 참석자들이 신안군청의 결정에

---

5 최성환(2023). "증도 역사와 이야기 그리고 사람."『신안 여행을 위한 문화관광 가이드북』. 전남: 신안군 관광진흥과. pp. 147-150.

따르겠다고 합의안을 도출하자 돌파구가 생겼습니다. 혹시라도 나중에 다시 분란을 일으키는 것을 막기 위해 참석자 모두가 이의를 제기하지 않겠다는 합의 결과에 서명함으로써 사업은 다시 활력을 되찾았습니다.[6]

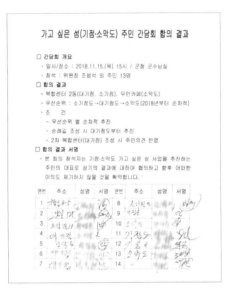

'가고 싶은 섬' 주민 간담회의 합의문 내용

주민들의 합의를 도출했지만 기도 공간을 설치하는 데 필요한 토지 확보 방안이 또 다른 쟁점으로 떠올랐습니다. 기도 공간을 설치

---

6   홍경수(2022). "기점·소악도 섬티아고 순례길의 건축 미술." 김병회, 김신동, 홍경수. 『보랏빛 섬이 온다: 인구소멸시대의 문화예술행정 이야기』. 서울: 학지사. pp. 117-128.

할 토지는 전망 좋은 곳이라야 해서 땅 주인들이 토지 제공을 꺼려 했기 때문입니다. 신안군청 관계자들은 섬 다섯 곳의 땅 주인을 개별적으로 면담해, 다른 토지와 교환하라고 권고하거나 토지 제공자에게 군의 보조 사업을 우선적으로 지원하겠다고 약속해 부지 문제를 해결해 나갔습니다. 섬티아고 순례길 사업을 처음 제안했던 윤미숙 전문위원이 전라남도에서의 근무를 마치고 고향 통영시로 돌아갈 예정이라는 소식을 들은 박우량 신안군수는 윤 전문위원에게 간곡히 부탁해 신안군의 '가고 싶은 섬' 추진단장에 초빙했습니다. 이렇게 해서 섬티아고 순례길 사업은 처음에 기획했던 시안과 맞는 방향으로 완성됐습니다.

엄마 섬인 병풍도를 제외한 대기점도, 소기점도, 소악도, 진섬, 딴 섬을 잇는 12킬로미터의 순례길에 예수님의 12제자를 상징하는 3평 이내의 기도 공간이 있습니다. 공공 조각가와 설치 미술 작가 11명이 참여해 기도 공간 12곳을 완성했습니다. 한국에서는 강영민, 김강, 김윤환, 박영균, 손민아, 이원석 작가가 참여했고, 외국에서는 장미셸 후비오(Jean Michel Rubio, 프랑스), 파코(Pako, 프랑스, 스페인), 브루노 프루네(Bruno Fournee, 프랑스), 아르민딕스(Armindix, 포르투갈), 에스피 38(SP 38, 독일) 등의 작가가 참여했습니다.[7] 이들은 1년

7   최성환(2023). "섬 속의 섬 기점·소악도." 『신안 여행을 위한 문화관광 가이드북』. 전남: 신안군 관광진흥과. pp. 151-153.

기점·소악도의 '섬티아고 순례길' 지도
① 건강의 집(베드로), ② 생각하는 집(안드레아), ③ 그리움의 집(야고보), ④ 생명평화의 집(요한),
⑤ 행복의 집(필립보), ⑥ 감사의 집(바르톨로메오), ⑦ 인연의 집(토마스), ⑧ 기쁨의 집(마태오),
⑨ 소원의 집(작은 야고보), ⑩ 칭찬의 집(유다 타대오), ⑪ 사랑의 집(시몬),
⑫ 지혜의 집(유다 이스카리옷)

동안 섬에 거주하면서 기도 공간을 만들었습니다. 대기점도에 5곳,
소기점도에 2곳, 소기점도와 소악도 사이의 노둣길에 1곳, 소악도에
1곳, 진섬에 2곳, 딴섬에 1곳 등 모두 12킬로미터에 이르는 한국판
섬티아고 순례길을 완성했습니다.

　건축 미술 작품들은 노둣길에, 숲속에, 언덕에, 호수 위에, 마을
입구에 각각 멋스럽게 들어섰습니다. 국내외의 작가 11명이 예술적
영감을 모아 개성 넘치는 작품을 만들어 냈습니다. 다섯 개의 섬 곳
곳에 적당한 거리를 두고 세워진 12곳의 기도 공간은 바닷가와 언

덕 그리고 갯벌과 호수라는 자연 환경과 잘 어울리는 공공 미술 작품입니다. 모든 기도 공간이 3평(10㎡) 규모지만 내부는 혼자 들어가면 딱 알맞을 정도로 크기가 작습니다. 3평 남짓한 내부는 독특한 분위기로 꾸며진 작은 기도 공간이니 신자라면 기도하기에 좋은 공간이고, 무신론자라면 조용히 명상하기에 좋은 공간입니다.

재미있게도 기도 공간마다 별칭이 있습니다. 베드로 사도의 집에는 '건강의 집'①, 안드레아 사도의 집에는 '생각하는 집'②, 야고보 사도의 집에는 '그리움의 집'③, 요한 사도의 집에는 '생명평화의 집' ④, 필립보 사도의 집에는 '행복의 집'⑤, 바르톨로메오 사도의 집에는 '감사의 집'⑥, 토마스 사도의 집에는 '인연의 집'⑦, 마태오 사도의 집에는 '기쁨의 집'⑧, 작은 야고보 사도의 집에는 '소원의 집'⑨, 유다 타대오 사도의 집에는 '칭찬의 집'⑩, 시몬 사도의 집에는 '사랑의 집'⑪, 유다 이스카리옷 사도의 집에는 '지혜의 집'⑫이란 별칭을 붙였습니다. 12곳의 기도 공간마다 QR코드가 설치돼 있어, 스마트폰으로 읽으면 지역 사투리로 녹음된 작품 해설을 재미있게 들을 수 있습니다.

마지막 기도 공간인 12번 '지혜의 집'(유다 이스카리옷)에 가려면 솔숲 해변에서 11번 '사랑의 집'을 보고 나서, 오른쪽으로 방향을 틀어 조릿대 숲길을 잠시 걷다가 바닷물이 빠진 모래 해변을 건너 딴섬에 도착하면 됩니다. '지혜의 집'을 보고 나서 갔던 길로 다시 되돌아올 수도 있지만, 그렇게 하면 한 가지 중요한 볼거리를 놓치게 됩니다.

2 900m **1** 건강의 집(베드로)

800m

3 생각하는 집(안드레아)

그리움의 집(야고보)

1.2km **4** 생명평화의 집(요한) 900m **5** 행복의 집(필립보)

7 1.2km **6** 감사의 집(바르톨로메오) 500m

1.2km 인연의 집(토마스)

8 기쁨의 집(마태오) 1.2km **9** 소원의 집(작은 야고보) 300m **10** 칭찬의 집(유다 타대오)

12 지혜의 집(유다 이스카리옷) 500m **11** 사랑의 집(시몬) 800m

섬티아고 순례길 안내도 (출처: 혜초여행사)

섬티아고 순례길의 길라잡이

갔던 길로 다시 되돌아오지 말고 모래 해변을 따라 11번 '사랑의 집' 쪽을 향해 조약돌 위를 잠시 걷다 보면, 바닷바람에 누렇게 변한 콘크리트 벽에 〈최후의 만찬〉 벽화 그림이 시선을 사로잡습니다.

레오나르도 다 빈치가 그린 〈최후의 만찬(Ultima Cena)〉(1495~1497)을 오마주한 야외 벽화입니다. 벽 중앙에 우리에게 익숙한 〈최후의 만찬〉 그림이 있습니다. 이탈리아 밀라노의 산타 마리아 델레 그라치에 성당에 소장된 원작 그림과는 다른 독특한 감흥을 불러일으킵니다. 그림 왼쪽에는 "καὶ λαβὼν ἄρτον εὐχαριστήσας ἔκλασεν"이라는 복음 말씀을, 그림 오른쪽에 "καὶ ἔδωκεν αὐτοῖς, λέγων, Τοῦτό ἐστιν"이라는 복음 말씀을 배치했습니다. 그리스어로 쓰인 복음 말씀인데, 예수님께서 빵을 들고 감사를 드리신 다음 그것을 떼어 제자들에게 주시며 말씀하셨다는 뜻입니다.

"예수님께서는 또 빵을 들고 감사를 드리신 다음, 그것을 떼어 사

〈최후의 만찬〉 야외 벽화 ⓒ 김병희

벽화 왼쪽에 쓰인 복음 말씀 ⓒ 김병희

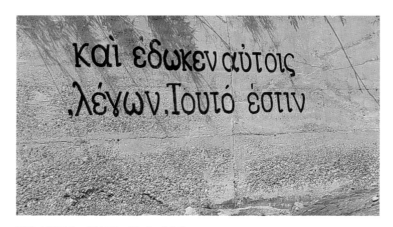

벽화 오른쪽에 쓰인 복음 말씀 ⓒ 김병희

도들에게 주시며 말씀하셨다. '이는 너희를 위하여 내어 주는 내 몸이다. 너희는 나를 기억하여 이를 행하여라.'"(루카 22, 19). 이 복음 말씀에서 앞 문장을 중앙 그림의 양쪽으로 배치하니 정말로 웅장한 느낌이 듭니다.[8] 목포대학교 미술학과에서 그림을 공부한 학생이 3주 동안 열정을 기울여 완성한 이 벽화는 2023년 6월 13일에 제막식을 했습니다. 소악도 해변에서 보는 〈최후의 만찬〉은 섬티아고 순례를 마무리하는 분들에게 순례자의 길을 되돌아보게 하면서 순례길 최후의 영감을 불러일으킵니다.

순례길을 걷다 보면 시골의 논밭길을 한가롭게 지나가고 바다와 갯벌도 만날 수 있습니다. 섬 주변은 온통 드넓은 갯벌입니다. 섬티아고 순례길은 걷는 즐거움 못지않게 '찍는 즐거움'이 가득한데, 카메라의 렌즈가 닿는 곳마다 작품이 탄생합니다. 국내외 작가들이 손으로 빚어낸 12곳의 기도 공간을 찍어도 하나하나가 작품입니다. 여유롭게 걷거나 자전거를 타고 가며 때 묻지 않은 섬 풍경을 눈에도 담을 수 있고 가슴에도 담아올 수 있습니다. 3~4시간 남짓 걸리는 12킬로미터의 거리를 싸목싸목 걷다보면 곳곳에서 작은 웅덩이도 만나고 갯벌에서 자유롭게 뛰노는 짱뚱어, 농게, 칠게 무리를 만날 수도 있습니다. 카메라의 셔터가 쉴 틈이 없는 이유입니다.

---

8   그리스어 성경의 『루카복음』 22장 19절의 원문은 다음과 같다. "καὶ λαβὼν ἄρτον εὐχαριστήσας ἔκλασεν καὶ ἔδωκεν αὐτοῖς λέγων· Τοῦτό ἐστιν τὸ σῶμά μου. τὸ ὑπὲρ ὑμῶν διδόμενον· τοῦτο ποιεῖτε εἰς τὴν ἐμὴν ἀνάμνησιν."

섬티아고 순례길은 모름지기 '인스타그래머블'이라 할 만합니다. 인스타그래머블(instagramable)이란 '인스타그램에 올릴 만한'이란 뜻으로, 사진 공유 소셜미디어인 인스타그램(instagram)과 영어 '에이블(able)'을 합쳐 젊은이들이 만든 신조어입니다. 젊은이들은 인스타그램에 올릴 만한 사진을 찍을 곳이 있는지 없는지에 따라 여행지를 선택하는 경향이 있는데, 섬티아고 순례길에서 만나는 기도 공간 12곳에서 사진을 찍으면 인생 샷도 건질 수 있습니다. 사람들은 기도 공간에 들를 때마다 인생 샷을 남기려고 바쁘게 손을 놀립니다. 종교의 유무를 초월해 사람들은 마음속의 성소를 촬영하면서 사진 찍는 재미에 푹 빠지는 것도 섬티아고 순례의 매혹입니다.

가는 곳마다 12사도의 이름이 있으니 그리스도교 신자만을 위한 기도 공간이라고 생각하기 쉬운데, 그렇지 않고 모두에게 열린 공간입니다. 천주교 신자에게는 작은 공소가 될 수 있고, 개신교 신자에게는 작은 기도실이 됩니다. 타 종교의 신자나 종교가 없는 분들에게는 잠시 생각에 잠기는 치유 공간이나 일상에 지친 몸과 마음을 달래는 쉼터가 됩니다. 3평 남짓한 작은 공간에서 스스로에게 위로와 안식을 주면 어떨까 싶습니다. 방문객 모두가 시간이 멈춘 기도 공간에서 12사도 한분 한분의 행적과 가르침을 생각해 보는 것도 좋겠습니다.

요한 사도는 자연사했고, 유다 이스카리옷 사도는 자살했기 때문에 12사도 중에서 10명이 순교했습니다. 사도들의 순교 정신을 생각하면 길이 조금은 힘들어야 하겠지만, 힘든 길이 거의 없어 여행자나 순례자들은 산책하는 기분으로 걸어가면 됩니다. 아스라이 펼쳐진 갯벌과 바닷물에 설치된 양식장을 보고, 소나무 숲과 조릿대 숲을 거쳐, 마을길을 걷는 동안 가슴 속에 많은 것을 담아갈 수 있습니다. 또한, 충분하지는 않지만 걸어가다 보면 중간 중간에 쉴 곳도 있고 먹거리를 파는 곳도 있습니다.

복음에 나타난 12사도 명단

복음서를 보면 예수님을 부르는 호칭이 넷이나 나옵니다. 예수님의 생전에는 '사람의 아들'과 '그리스도'라는 호칭을 썼고, 예수님이 부활하신 다음에는 '하느님의 아들'과 '주님'이라는 호칭이 새로 생겼습니다. 사람의 아들은 예수님 자신이 즐겨 쓴 호칭인데 예수님의 활동과 운명을 적절하게 대변하는 것 같습니다. 메시아란 뜻의 그리스도는 다른 사람들이 예수님께 선사한 호칭인데 예수님을 나타내는 이름의 반열에 올랐습니다. 사람의 아들과 그리스도라는 호칭에서는 예수님의 역사(役事)가 느껴집니다. 예수님이 어떤 호칭을 써 왔고 얼마나 자주 쓰였는지 그 역사를 살펴보는 일도 중요하겠지만, 예수님께 부여된 호칭의 뜻을 정확히 깨닫고 오늘의 현실에 알맞게 실천하는 노력도 중요합니다. [9] 사람의 아들이자 그리스도이

---

9 김근수(2021). "예수는 누구인가." 『예수 평전』. 경기: 동녘. pp. 225-234.

며, 하느님의 아들이자 주님이신 예수님께는 다들 알다시피 12제자가 있었습니다.

예수님의 12제자는 예수님의 가르침을 전파하는 데 결정적인 역할을 했습니다. 12사도(使徒, twelve apostles)라고도 합니다. 교회에서 예수님의 12사도는 신앙의 좋은 본보기로 알려져 있습니다. 사도의 정의를 보면 예수님과 함께하며 예수님의 부활을 친히 목도한 사람만이 좁은 의미의 사도입니다. 사도라는 말의 본뜻은 '보냄을 받은 자'입니다. 하느님의 역사(役事)를 위해 지상에 보내진 자가 바로 사도입니다.[10] 신앙의 중요한 기반인 12사도들의 생애를 통해 그들이 어떻게 신앙을 지켜나갔고 복음 말씀을 어떻게 전파했는지 알 수 있습니다. 12사도의 명단은 성경에 여러 번 나타납니다(마태오 10, 1-4; 마르코 3, 13-19; 루카 6, 12-16).

예수님께서 열두 제자를 가까이 부르시고 그들에게 더러운 영들에 대한 권한을 주시어, 그것들을 쫓아내고 병자와 허약한 이들을 모두 고쳐 주게 하셨다. 열두 사도의 이름은 이러하다. 베드로라고 하는 시몬을 비롯하여 그의 동생 안드레아, 제베대오의 아들 야고보와 그의 동생 요한, 필립보와 바르톨로메오, 토마스와 세리 마태오, 알패오의 아들 야고보와 타대

---

10 이동원(2020). 『복음으로 세상을 변혁한 열두 사도 이야기』. 서울: 두란노서원.

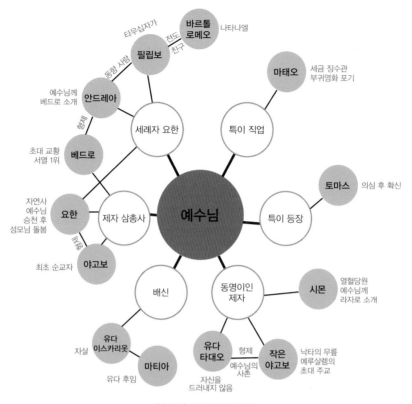

예수님과 12사도의 관계도

오, 열혈당원 시몬, 그리고 예수님을 팔아넘긴 유다 이스카리옷이다. (마태오 10, 1-4)

예수님께서 산에 올라가신 다음, 당신께서 원하시는 이들을 가까이 부르시니 그들이 그분께 나아왔다. 그분께서는 열둘을 세우시고 그들을 사도라 이름하셨다. 그들을 당신과 함께 지내게 하시고, 그들을 파견하시어 복음을 선포하게 하시며, 마귀들을 쫓아내는 권한을 가지게 하시려는 것이었다. 이렇게 예수님께서 열둘을 세우셨는데, 그들은 베드로라는 이름을 붙여 주신 시몬, '천둥의 아들들'이라는 뜻으로 보아네르게스라는 이름을 붙여 주신 제베대오의 아들 야고보와 그의 동생 요한, 그리고 안드레아, 필립보, 바르톨로메오, 마태오, 토마스, 알패오의 아들 야고보, 타대오, 열혈당원 시몬, 또 예수님을 팔아넘긴 유다 이스카리옷이다. (마르코 3, 13-19)

그 무렵에 예수님께서는 기도하시려고 산으로 나가시어, 밤을 새우며 하느님께 기도하셨다. 그리고 날이 새자 제자들을 부르시어 그들 가운데에서 열둘을 뽑으셨다. 그들을 사도라고도 부르셨는데, 그들은 베드로라고 이름을 지어 주신 시몬, 그의 동생 안드레아, 그리고 야고보, 요한, 필립보, 바르톨로메오, 마태오, 토마스, 알패오의 아들 야고보, 열혈당원이라고 불리는 시몬, 야고보의 아들 유다, 또 배신자가 된 유다 이스카리옷이다. (루카 6, 12-16)

12사도는 예수님의 교훈을 세상에 전파하는 데 중추적인 역할을 했으며, 그들 각각은 그들의 삶과 행동으로 예수님의 가르침을 보여 주었습니다. 그들의 삶은 그들의 믿음, 용기, 헌신, 그리고 사랑의 표현을 보여 주는 좋은 사례입니다. 사도들 각자가 교회에서 중요한 역할을 하며, 그들의 삶과 신앙은 여전히 신자들에게 본보기와 가르침을 제공합니다. 이제, 12사도의 특성을 섬티아고 순례길의 순서대로 간략히 살펴보겠습니다.

17세기에 활동했던 벨기에 화가 페테르 파울 루벤스(Peter Paul Rubens, 1577~1640)는 역동성과 강한 색감 그리고 환상적인 관능미를 추구하는 바로크 시대를 대표하는 화가입니다. 그는 예수님의 12사도(the Twelve Apostles) 시리즈를 그린 화가로도 유명합니다. 루벤스는 1611~1612년 무렵에 예수님을 판 유다 이스카리옷은 그리지 않았고 다른 사도들의 상반신 초상화를 실물 크기로 그렸습니다. 사도들은 각각 상징물을 들고 있으며 강렬한 인상의 남자로 묘사돼 있습니다. 아마도 루벤스는 이탈리아 여행 후 미켈란젤로의 영향을 받았을지도 모릅니다.[11] 이 책에서도 루벤스가 그린 사도들의 모습을 소개했습니다.

아는 만큼 보이고, 보는 만큼 느낀다는 말도 있지만, 그보다 '지금' '여기'에서 구체적으로 느끼는 것이 더 중요합니다. 여행이나 순례에서는 더더욱 그렇습니다. 더 이상 아무것도 없다는 뜻의 '노웨어(nowhere)'란 영어 단어에서 알파벳을 나눠 보면 '나우(now)' + '히어

---

11 이 책에서 소개하는 12사도의 모습은 다음 문헌을 참조했다. 노마도즈 nomadoz (2023. 1. 31.). "루벤스의 예수님 그리스도의 12사도 the Twelve Apostles." https://goodoz610.com/10

(here)'가 됩니다. 지금 여기가 중요하다는 뜻입니다. 아무것도 없는 곳에서도 '지금' 보고 느끼는 것이 나중에 다시 보는 것과 다르고, '여기'에서 보고 느끼는 것이 다른 곳에서 보고 느끼는 것과 다릅니다. 섬티아고 순례의 시작부터 끝까지 12곳의 기도 공간을 눈으로만 보지 말고, 12사도의 생애를 '지금' '여기'에서 느껴 봐야 합니다. 그래야 섬티아고 순례를 제대로 하는 셈입니다.

01 베드로 사도와 건강의 집

산토리니 풍으로 지은 '건강의 집' 전경 ⓒ 신안군

그곳에 가서 건강을 돌아보세요

섬티아고 순례는 보통 '건강의 집'에서부터 시작합니다. 위치는 전라남도 신안군 중도면 병풍리의 대기점도 선착장입니다. 1번 '건강의 집'은 천국의 열쇠를 지녔다는 초대 교황 베드로 사도를 기념하기 위해 김윤환 작가가 지었습니다. 방문자들이 건강한 몸과 마음으로 순례를 시작하기를 바라는 마음을 담고 있습니다. 대기점도 선착장에 내리는 순간, 외벽은 석회로 마감해 눈부시게 새하얀데 돔 형태의 지붕은 지중해 풍의 푸른색으로 마감한 건축 예술품이 한눈에 늘어옵니다. 멀리서도 섬을 알아볼 수 있는 등대가 되어 줄 것 같습니다.

썰물 때 찍은 '건강의 집' 원경 ⓒ 신안군

저런 집에 살다보면 저절로 건강해지겠다는 생각도 잠시, 화사하게 빛나는 건축 예술품의 자태가 마음을 확 끌어당깁니다. 건축 예술품 하나가 섬에 대한 느낌을 바꿔 버리다니 놀라운 경험이었습니다. 아무 생각 없이 걸어가다가 '건강의 집'을 다시 보니, 그리스에서 봤던 산토리니풍의 건축 예술품 같다는 생각이 들었습니다. 건물 외벽은 하얗게 칠하고 둥그런 지붕 부분만 코발트블루로 칠했으니, 그리스의 지중해 연안에 늘어선 산토리니풍의 건물 하나를 대기점도로 옮겨왔나 싶습니다. 둥그런 지붕은 코발트블루로 칠하고 아래의 몸체는 하얀 회벽으로 거칠게 마감했으니, 산뜻한 색감이 바다와도 잘 어울리고 이국적인 느낌도 물씬 풍겨납니다.

　입구에서 안으로 들어가면 실내의 화사한 분위기가 인상적입니

밀물 때 찍은 '건강의 집' 원경 ⓒ 신안군

　　　　　　　　　　　　01 베드로 사도와 건강의 집

다. 고개를 들어 바라보니 천정과 건물의 몸체 사이에, 사람 몸에 비유하자면 머리와 몸통 사이의 목 부분에 아래쪽으로 길게 늘어진 여러 개의 창이 예쁘게 걸려 있습니다. 그리고 바다를 바라보며 기도할 수 있도록 촛대가 놓인 자리 위쪽에도 가로는 짧지만 세로는 상당히 긴 창이 예쁘게 나 있습니다. 기도 공간에는 손을 올리고 기도할 수 있는 기도대와 촛대가 놓여 있고, 하얀 벽에는 수채화가 그려져 있습니다. 엉겅퀴를 비롯한 여러 꽃들이 하얀 벽에 수줍게 피어 있습니다. 단아한 느낌의 수채화는 보는 사람의 마음을 달래 줄 것입니다. 기도 공간의 내부는 맑고 밝을 뿐만 아니라 심지어 눈부실 정도로 아름답게 느껴집니다.

왼쪽을 보니 '건강의 집'의 절반쯤 되는 높이로 부속시설 하나가

수채화가 그려진 '건강의 집' 내부 ⓒ 신안군

있습니다. 공중 화장실입니다. 화장실 정면에는 삼지창 든 남녀를 벽화로 그려 놓았는데, 뜻밖의 반전 매력을 느끼게 합니다. 화장실을 아름답다고 말한다면 곤란하겠지만 공중 화장실치고는 꽤 아름답습니다. 공중 화장실과 '건강의 집' 중간에는 키 작은 종탑이 있고 종탑에 종이 매달려 있습니다. 순례의 시작을 알리는 작은 종인데, 종을 한 번 치고 순례를 시작해 끝까지 건강하게 잘 마무리하시면 됩니다. 왜 키 작은 종탑을 만들었을까요? 몸을 숙여 종을 치도록 고안한 이유는 몸을 낮춰 겸손한 마음으로 순례를 시작하라는 뜻을 담았기 때문입니다.

해질 무렵에 찍은 종탑과 종 ⓒ 신안군

01 베드로 사도와 건강의 집

순례의 첫 번째 집에 '건강의 집'이란 이름을 붙인 데는 신체적 건강은 물론 영적 건강과 정신적 건강을 강조한 베드로 사도를 기리는 뜻도 있었지만 순례자의 건강을 기원하는 취지도 있었습니다. 곡선의 방파제를 300미터 정도 걸어가면 누구나 이용할 수 있는 전기자전거 대여소가 나옵니다. 그렇지만 가급적 걸어가십시오. 자전거를 타고 가면 보이지 않는 것들이 걸어가면 저절로 나타납니다. '땡!' 작은 종을 한 번 치고 나서 섬티아고 순례를 떠나십시오. '건강의 집'에 머무르는 동안, 모든 분이 종교를 초월해 베드로 사도가 알려 준 건강에 관한 말씀을 가슴에 새기면 좋겠습니다.

베드로 사도의 생애와 교훈

12사도 중에서 가장 유명한 베드로(베드로, Petrus, Peter)[1] 사도는 가톨릭 신앙을 전파하는 과정에서 중요한 역할을 한 첫 번째 교황입니다. 본명은 시몬 바르요나인데 요나의 아들 시몬으로도 부릅니다. 그는 형제인 안드레아와 함께 어부로 일하며 생계를 이어갔습니다. 베드로라는 이름이 '바위'를 뜻하듯, 그의 믿음은 튼튼했습니

---

[1] 이 책에서 12사도의 이름은 '베드로(베드로, Petrus, Peter)'라는 표기처럼 '천주교식 표기(개신교식 표기, 라틴어식 표기, 영어식 표기)' 순서로 통일했다. 천주교식 이름은 한국천주교주교회의 성서위원회(2007)의 『신약성경: 영한 대조』(서울: 한국천주교중앙협의회)의 인명 표기를 따랐고, 개신교식 이름은 대한성서공회(2023)의 『성경전서: 개역한글판』(서울: 대한성서공회)의 인명 표기를 따랐다.

베드로 사도(1611~1612, 루벤스), 107×82cm 유화,
스페인 프라도미술관 소장

다. 그는 강렬하고 열정적이며 때때로 충동적이었지만 솔직한 성격
이었습니다. 그는 급하게 반응하고 때때로 자기 생각이나 감정을
억제하지 않았지만 믿음이 깊었습니다.

베드로 사도는 교황청의 초대 교황이었습니다. 우리는 보통 교황
청(Holy See)과 바티칸시국(Vatican City State)을 같은 곳이라고 생각
하지만, 두 곳은 역사와 조직과 기능 면에서 차이가 있습니다. 교황
청이 2000여 년의 장구한 역사를 가졌다면 바티칸은 1929년 라테
란조약에 따라 바티칸 언덕에 건설한 도시국가로 100년도 되지 않

01 베드로 사도와 건강의 집

습니다. 교황청이 세계 13억의 가톨릭 신자를 이끌고 총괄하는 '영적인 국가'라면 바티칸은 창경궁 정도의 아주 작은 국토 면적(0.44㎢)에 인구(시민권 소유자) 850여 명에 불과한 '세속적 국가'입니다. 교황청이 국제법상 영세 중립국으로 세계 여러 나라와 외교 활동을 한다면, 바티칸은 라테란조약에 따라 이탈리아와의 협력 업무에 치중합니다.[2]

바티칸의 성베드로 광장에 서면 베드로 사도의 숨결이 여전히 남아있는 듯합니다. '약하나 강하게 된 제자'[3] 베드로의 충성심은 그를 예수님의 가장 가까운 제자로 만들었습니다. 성경에서는 그를 물 위를 걷는 제자로 묘사했습니다. 그가 "주님, 주님이시거든 저더러 물 위를 걸어오라고 명령하십시오." 하고 의심하며 말하자, 예수님께서 "오너라." 하셨고, 그는 물 위를 걸어 예수님께 갔다는 것입니다. 예수님은 믿음이 약한 제자들에게 기적을 보여 주는 순간에 베드로를 기꺼이 동참시켰습니다(마태오 14, 28-32). 예수님은 베드로에게 이렇게 말씀하셨습니다.

나 또한 너에게 말한다. 너는 베드로이다. 내가 이 반석 위에
내 교회를 세울 터인즉, 저승의 세력도 그것을 이기지 못할 것

---

2 이백만(2021). "지도에 없는 나라, 교황청." 『엉클 죠의 바티칸 산책』. 서울: 바오로딸. pp. 13-17.
3 이동원(2020). 『복음으로 세상을 변혁한 열두 사도 이야기』. 서울: 두란노서원.

이다. 또 나는 너에게 하늘나라의 열쇠를 주겠다. 그러니 네가 무엇이든지 땅에서 매면 하늘에서도 매일 것이고, 네가 무엇이든지 땅에서 풀면 하늘에서도 풀릴 것이다. (마태오 16, 18-19)

이 말씀에서 예수님은 베드로에게 교회를 세우는 역할을 부여했고, 이는 그의 믿음과 충성심을 인정한 것입니다. 그의 성격 중에는 충동적인 면모도 있었지만, 그는 예수님의 교리를 전파하는 데 결정적인 역할을 했고, 그의 헌신과 노력은 초기 기독교 공동체의 토대를 마련하는 데 중요했습니다. 베드로의 생애는 교회의 설립과 그리스도교의 전파에 기여한 것으로 그의 중요성을 보여 줍니다. 그의 믿음과 헌신은 그를 예수님의 가장 가까운 제자로 만들었으며, 그의 열정과 충동성은 그의 믿음을 더욱 강화시켰습니다. 그는 자신의 삶을 통해 그리스도의 말씀을 전파하고, 기독교 공동체를 세우는 데 중요한 역할을 했습니다.

베드로의 죽음에 대한 구체적인 기록이 성경에는 없지만, 서기 64년에서 68년 사이에 로마에서 순교했다고 전해집니다. 그는 로마의 황제 네로가 시작한 크리스천에 대한 대대적인 박해로 인해 죽음을 맞이했습니다. 교회사와 전승에 따르면, 베드로는 네로가 로마를 불태우던 당시 체포돼 십자가에 거꾸로 못 박혀 순교했다고 합니다. 자신이 예수님과 같은 방식으로 사형당하는 것을 겸손하게 거부해 십자가에 거꾸로 못 박혀 죽었다고 합니다. 당시의 로마제국은 기독교를 박해했는데 베드로의 죽음은 신앙의 견고함을 보여 주기에 충분했습니다. 그의 용기와 결단력 그리고 불완전함은 예수님의 사랑과 용서의 말씀을 반영합니다. 베드로 사도는 열쇠공, 어부, 생선장수의 수호성인입니다. 그의 상징물은 열쇠, 성경, 역 십자가, 수탉이며, 축일은 6월 29일입니다.

복음 말씀에 나타난 건강한 삶

베드로 사도는 12사도 중에서 예수님의 가장 가까운 제자였습니다. 그의 본명은 시몬이었지만 예수님은 그를 베드로라 부르셨는데, 이는 '바위'를 뜻하는 그리스어 '페트로스'에서 유래했습니다. 그가 그리스도교의 바위가 되리라고 예언한 이름입니다. 예수님의 12제자 중에서도 중요한 일을 많이 한 그의 행적은 성경에 다양한 형태로 기록돼 있습니다.

예수님께서 "그러면 너희는 나를 누구라고 하느냐?" 하고 물으시자, 시몬 베드로가 "스승님은 살아 계신 하느님의 아드님 그리스도이십니다." 하고 대답하였다. 그러자 예수님께서 그에게 이르셨다. "시몬 바르요나야, 너는 행복하다! 살과 피가 아니라 하늘에 계신 내 아버지께서 그것을 너에게 알려 주셨기 때문이다. 나 또한 너에게 말한다. 너는 베드로이다.

내가 이 반석 위에 내 교회를 세울 터인즉, 저승의 세력도 그것을 이기지 못할 것이다. 또 나는 너에게 하늘나라의 열쇠를 주겠다. 그러니 네가 무엇이든지 땅에서 매면 하늘에서도 매일 것이고, 네가 무엇이든지 땅에서 풀면 하늘에서도 풀릴 것이다." 그런 다음 제자들에게, 당신이 그리스도라는 것을 아무에게도 말하지 말라고 분부하셨다. (마태오 16, 15-20)

예수님의 정체를 알게 된 그는 예수님을 "살아 계신 하느님의 아드님 그리스도"라고 정의했습니다. 그가 예수님께 살아계신 하느님의 아들이라고 고백하자, 예수님은 그가 교회의 반석이 될 것이라 응답했습니다. 열정적이고 강한 의지를 지닌 그는 예수님께 충성심을 나타내며 열정적으로 행동했습니다. 한편으로 그는 자신의 약점과 실패를 인정하는 겸손한 사람이기도 했습니다. 그의 가르침은 신체적 건강뿐만 아니라 정신적 영적 건강에도 깊은 통찰력을 제공합니다.

여러분의 모든 걱정을 그분께 내맡기십시오. 그분께서 여러분을 돌보고 계십니다. 정신을 차리고 깨어 있도록 하십시오. 여러분의 적대자 악마가 으르렁거리는 사자처럼 누구를 삼킬까 하고 찾아 돌아다닙니다. 여러분은 믿음을 굳건히 하여 악마에게 대항하십시오. 여러분도 알다시피, 온 세상에 퍼져 있는 여러분의 형제들도 같은 고난을 당하고 있습니다. 여러분이 잠시 고난을 겪고 나면, 모든 은총의 하느님께서, 곧 그리스도 예수님 안에서 당신의 영원한 영광에 참여하도록 여러분을 불러 주신 그분께서 몸소 여러분을 온전하게 하시고 굳세게 하시며 든든하게 하시고 굳건히 세워 주실 것입니다. (베드로의 첫째 서간 5, 7-10)

이 복음 말씀은 우리가 우리의 걱정과 염려를 하느님에게 맡길 때 평화를 얻는다는 사실을 알려줍니다. 모든 걱정과 스트레스를 예수님께 의탁하면 건강한 정신과 건강한 신체를 유지하는 데 도움이 된다는 뜻입니다. 걱정과 스트레스는 우리의 신체 건강에 부정적인 영향을 미칩니다. 그의 가르침은 우리가 건강을 챙기는 데 도움이 됩니다. 베드로 사도와 건강에 관련된 복음 말씀을 현대인들이 어떤 의미로 받아들여야 할까요? 그의 권고는 지금 우리가 건강한 삶을 살아가는 데도 중요한 지침이 됩니다.

그분께서는 우리의 죄를 당신의 몸에 친히 지시고 십자 나무에 달리시어, 죄에서는 죽은 우리가 의로움을 위하여 살게 해 주셨습니다. 그분의 상처로 여러분은 병이 나았습니다. 여러분이 전에는 양처럼 길을 잃고 헤매었지만, 이제는 여러분 영혼의 목자이시며 보호자이신 그분께 돌아왔습니다. (베드로의 첫째 서간 2, 24-25)

이 복음 말씀은 신체적인 건강뿐만 아니라 정신적 영적 건강에도 적용됩니다. 우리는 하느님의 사랑과 용서를 통해 질병과 고통에서 벗어날 수 있습니다. 복음 말씀에서 치유는 경우에 따라 육체적 또는 영적 치유를 의미합니다. 영적 치유는 우리의 건강한 일상생활에 긍정적인 영향을 미칠 수 있다는 뜻입니다. 우리가 건강 문제에 대처하고 예방할 때 도움이 되는 중요한 가르침입니다.

그러므로 마음을 가다듬고 정신을 차려, 예수 그리스도께서 나타나실 때 받을 은총에 여러분의 모든 희망을 거십시오. 이제는 순종하는 자녀로서, 전에 무지하던 때의 욕망에 따라 살지 말고, 여러분을 부르신 분께서 거룩하신 것처럼 여러분도 모든 행실에서 거룩한 사람이 되십시오. "내가 거룩하니 너희도 거룩한 사람이 되어야 한다."고 성경에 기록되어 있기 때문입니다. (베드로의 첫째 서간 1, 13-16)

베드로 사도는 거룩하게 살아가기를 권고했습니다. 마음을 가다듬고 정신을 바짝 차리고 예수님이 세상에 다시 나타나실 때 받을 은총에 모든 희망을 걸고 기다리라고 말했습니다. 맞는 말씀입니다. 아무리 절박한 상황에서도 희망을 잃지 않는다면 우리는 정신적으로나 신체적으로나 건강한 삶을 살아갈 것입니다.

생명을 사랑하고 좋은 날을 보려는 이는 악을 저지르지 않
도록 혀를 조심하고 거짓을 말하지 않도록 입술을 조심하여
라. 악을 멀리하고 선을 행하며 평화를 찾고 또 추구하여라.
주님의 눈은 의인들을 굽어보시고 그분의 귀는 그들의 간구
를 들으신다. 그러나 주님의 얼굴은 악을 행하는 자들에게 맞
서신다. (베드로의 첫째 서간 3, 10-12)

이 복음 말씀에서는 악을 저지르지 않도록 혀를 조심하고 거짓을
말하지 않도록 입술을 조심하라고 강조하고 있습니다. 선을 행하며
평화를 추구하면 우리의 몸과 마음은 더 건강해질 것입니다. 베드로
사도는 항상 영적 건강과 정신적 건강이 중요하다고 강조했습니다.
건강한 삶을 살아가는 필요한 중요한 원칙입니다. 우리가 하느님에
게 걱정과 염려를 맡겼을 때, 하느님은 마지막까지 우리를 보살펴 주
실 것입니다.

예수님께서는 "내가 하는 일을 네가 지금은 알지 못하지만
나중에는 깨닫게 될 것이다." 하고 대답하셨다. 그래도 베드
로가 예수님께 "제 발은 절대로 씻지 못하십니다." 하니, 예
수님께서 그에게 대답하셨다. "내가 너를 씻어 주지 않으면
너는 나와 함께 아무런 몫도 나누어 받지 못한다." 그러자 시
몬 베드로가 예수님께 말하였다. "주님, 제 발만 아니라 손과

머리도 씻어 주십시오." 예수님께서 그에게 말씀하셨다. "목
욕을 한 이는 온몸이 깨끗하니 발만 씻으면 된다. 너희는 깨
끗하다. 그러나 다 그렇지는 않다." (요한 13, 7-10)

최후의 만찬을 들기 전, 예수님은 겉옷을 벗고 수건을 들어 허리
에 두른 다음, 대야에 물을 부어 제자들의 발을 씻어 주셨습니다. 이
장면은 예수님의 겸손과 사랑의 정신을 확인할 수 있는 중요한 순간
입니다. 베드로는 자기 차례가 되자 처음에는 극구 사양했습니다.
그러자 예수님은 자신이 하는 일을 베드로가 지금은 알지 못하겠지
만 나중에 깨닫게 되리라고 말씀하셨습니다. 그러자 그는 예수님에
게 자신의 발만 아니라 손과 머리도 씻어 달라고 말했습니다.

베드로는 처음에는 거부했지만 예수님께서 발을 씻어 주고 싶다
고 강조하자 순진한 아기처럼 순응합니다. 이 일화를 '건강의 집'과
관련지어 설명하자면 예수님이 제자들의 발을 씻어 주며 제자들에
게 영적 회복과 휴식을 제공했듯이, 방문객들도 이곳에서 순례의 첫
발을 떼며 일상에 지친 자신에게 심신의 휴식 시간을 주면 좋겠습니
다. 가톨릭교회에서는 예수님이 제자들의 발을 직접 씻어 주신 사
랑을 기념하고자 성목요일에 '세족례(洗足禮)'를 재현하고 있습니다.
'건강의 집'을 방문하는 분들이 복음 말씀을 어떻게 받아들여야 할
까요? 복음 말씀에 나타난 건강한 삶은 예수님의 은총 속에서 우리

가 건강을 유지하고 삶의 무게를 덜어 낼 수 있다는 사실을 돌아보게 합니다. 우리가 건강하게 살아가는 데 있어서 신앙심이 중요하다는 사실도 강조하고 있습니다. 깊은 신앙심은 건강에 긍정적인 영향을 미칠 수 있으니, 신앙을 갖기 전후에 우리가 느끼는 건강한 삶은 상당한 차이가 있을 수밖에 없습니다. 이것이 베드로 사도의 중요한 가르침입니다.

02 안드레아 사도와 생각하는 집

사각형과 원통형이 붙어 있는 '생각하는 집' 전경 ⓒ 김병희

그곳에 가서 차분히 성찰하세요

대기점도에서 병풍도로 가는 대기점도 노둣길 입구에 2번 '생각하는 집'이 있습니다. 위치는 전라남도 신안군 중도면 병풍리 1012입니다. 이원석 작가는 안드레아 사도를 기리기 위해 밀물과 썰물에 따라 너른 바다가 되었다가 갯벌이 되었다가를 반복하는 북촌마을 초입에 '생각하는 집'을 지었습니다. 건축 예술품 왼쪽에 자리 잡은 6각형의 마을 정자는 잠시 쉬었다 가라며 길손에게 손짓합니다. '생각하는 집'을 밖에서 보면 사각형 구조물과 원통형 구조물이 나란히 붙어 있는 별도의 집처럼 보이지만, 안에 들어가 보면 서로 연결돼 있습니다. 마치 생각이 왔다 갔다 하는 사람의 심정을 표

양파와 고양이 조형물을 설치한 '생각하는 집' 원경 ⓒ 신안군

현한 것 같았습니다.

이 건축 예술품의 외관은 단순하지만 아름답습니다. 순례의 맛을 진하게 느끼는 순간입니다. 작가는 밀물 현상은 해로 썰물 현상은 달로 해석해, 각각 사각형 구조물과 원통형 구조물이 한데 붙은 형태로 지었다고 합니다. 구조물의 지붕에 해당되는 하늘색 돔에는 대기점도에서 많이 재배하는 양파를 형상화했고, 돔 위쪽으로 솟아오른 첨탑 꼭대기에는 대기점도가 고양이 천국이라는 사실을 부각시키기 위해 고양이 조형물을 설치했습니다. 사각형 구조물의 지붕과 첨탑 사이에는 종을 매달아 바닷바람이 세차게 불면 저절로 종소리가 울리도록 고안한 것 같습니다.

대기점도는 사람보다 고양이가 더 많이 살고 있는 고양이 천국입니다. 약 30여 가구의 주민들과 300~400마리에 이르는 고양이들이 동거한다고 해도 지나친 말은 아닙니다. 지난 1990년대에 들쥐 때문에 온 마을이 극심한 피해를 입었습니다. 그러자 주민들은 쥐를 없애려고 고양이를 섬에 들여와 키우기 시작했습니다. 그 후 고양이 숫자가 급격히 늘었다고 합니다. 작가는 집집마다 고양이를 정말 많이 키운다는 현실을 반영해 고양이가 마을을 지켜 주는 동물이라 생각했고, 그렇게 해서 '생각하는 집'의 첨탑 꼭대기에 고양이 조형물을 상징물로 설치했습니다.

섬 주민들이 쓰던 돌절구와 소의 여물통을 건축 자재로 재활용해 섬 주민의 삶과 풍경을 건축 예술품에 접목했습니다. 실내의 독특

02 안드레아 사도와 생각하는 집

돌절구의 바닥을 뚫어 재활용해 만든
창문 ⓒ 김병희

한 구조도 눈길을 사로잡습니다. 원통형 구조물 앞쪽의 둥근 창이
나 바다 쪽을 향한 각진 창은 주민이 쓰던 돌절구의 바닥을 넓게 뚫
어 창문으로 재활용했습니다. 창 둘레를 손으로 만져 보면 매끈하
게 다듬어진 각진 형태가 아니라 우둘투둘한 물성(物性)이 느껴집니
다. 이 창으로 햇볕과 바람이 들어옵니다. 창밖을 보면 해변의 고급
호텔 방에서 볼 수 있는 어떤 풍경도 따라올 수 없는 멋진 장관을 연
출합니다. 조그맣고 우둘투둘한 사각 형태의 구멍으로 들여다보면
노둣길 건너편에 있는 병풍도가 병풍에 그려진 한 폭의 풍경화처럼
아름답게 펼쳐집니다. 병풍도로 건너가는 노둣길도 화가가 그린 그
림 속의 길 같습니다.

　내부에는 또한 둥근 돌 평상이 놓여 있습니다. 주민이 쓰던 소 여

둥근 돌 평상과 십자가가 있는
'생각하는 집' 내부 ⓒ 신안군

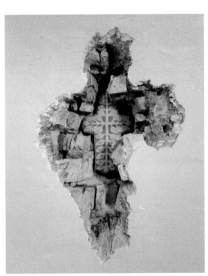

벽에 박혀 있는 타일 소재의 십자가
ⓒ 김병희

02 안드레아 사도와 생각하는 집

물통도 재활용했습니다. 하얗게 칠해진 벽을 쳐다보니 초를 올리는 붙박이 선반이 벽면에 붙어 있고, 타일 소재로 만든 십자가는 벽에 박혀 있습니다. 그런데 십자가 주변을 벽돌과 사금파리가 감싸고 있으니, 마치 순교자의 유적지 발굴 현장에 묻혀 있는 유물 십자가처럼 보입니다. 그리스도교인은 십자가 앞에 서서 기도를 올리겠지만, 종교를 초월해 모두가 잠시 묵상하면 좋겠습니다. 실내에 있는 모든 것이 순례자의 마음을 정화하는 데 필요한 사유(思惟)의 소품 같습니다. '생각하는 집'에 머무르는 동안, 모든 분이 종교를 초월해 안드레아 사도의 생애를 떠올리며 생각의 집 한 채를 짓기 바랍니다.

안드레아 사도의 생애와 교훈

안드레아(안드레, Andreas, Andrew) 사도는 자기 형인 베드로를 예수님께 소개한 사람입니다. 그의 행동은 주위 사람들에게 예수님의 사랑을 전달해야 한다는 교훈을 남겼습니다. 안드레아도 그의 형 시몬 베드로처럼 고기 잡는 일을 했습니다. 그는 예수님을 만나고 나서 베드로에게 달려가 '메시아를 만났다'고 말한 다음, 베드로를 예수님께 소개했습니다. 그는 일찍부터 세례자 요한의 제자였다가 예수님을 믿고 따르는 사도가 됐는데, 형을 예수님께 소개한 일화에서도 복음 전파에 대한 그의 열망을 엿볼 수 있습니다.

성경에서는 안드레아 사도에 대해 사람들을 예수님께 데려다주

안드레아 사도(1611, 루벤스), 108×84cm 유화,
스페인 프라도미술관 소장

고 인도하는 제자로 묘사합니다. 예를 들어, 『요한복음』 12장을 보면 그리스인들이 예수님을 만나고 싶어 하며 먼저 그를 찾아가는 일화가 나옵니다. 안드레아와 필립보는 그리스인들을 예수님께 안내합니다. 안드레아가 복음 전파에 열정적이었고 사람들을 예수님께 적극적으로 인도했다는 사실을 알 수 있는 일화입니다.

예수님께서는 갈릴래아 호숫가를 지나가시다가 두 형제,
곧 베드로라는 시몬과 그의 동생 안드레아가 호수에 어망을 던지는 것을 보셨다. 그들은 어부였다. 예수님께서 그들에게 이르셨다. "나를 따라오너라. 내가 너희를 사람 낚는 어부로 만들겠다." 그러자 그들은 곧바로 그물을 버리고 예수님을 따랐다. (마태오 4, 18-20)

이 복음에서 안드레아가 예수님의 부름을 받고 곧바로 예수님을 따르기로 결정했다는 사실을 알 수 있습니다. 안드레아가 즉흥적으로 예수님을 따른 것처럼 묘사됐지만, 실제로 그는 예수님의 가르침을 이미 깊이 생각하고 있던 중에 형 베드로와 함께 삶의 중대한 결정을 내렸다고 생각됩니다. 성경에서도 열정적인 복음 전파자로서의 그의 역할을 강조합니다. 그는 그리스의 패트라스에서 체포돼 X자 모양의 십자가에 매달려 순교했다고 합니다. 그는 예수님의 복음을 전하다 애기우스(Aegeates)라는 로마 총독의 분노를 샀습니다. 애기우스는 자기 아내와 신하를 교회로 인도했다며 그를 십자가에 못 박았습니다.

신앙을 지키기 위해 소중한 목숨을 바치기란 결코 쉬운 일이 아닐 것입니다. 일본의 소설가 엔도 슈사쿠(遠藤周作, 1923~1996)의 소설 『침묵(沈黙)』(1966)에서는 17세기 일본의 가톨릭 박해 상황을 토대로 '고통의 순간에 하느님은 어디에 계시는가?'라는 질문에 대해 진지하고도 본질적인 문제 제기를 합니다. 포르투갈 예수회에서 일본에 파견한 페레이라 신부는 나가사키에서 구덩이 속에 달아매는 고문을

받고 육체적 고통을 견디지 못합니다. 그는 성화판(聖畵版)을 밟고 지나가는 '후미에(踏み絵)'를 실행한 다음에야 풀려납니다. 소설에서는 이 같은 배교(背敎) 사건을 바탕으로 순교하기가 얼마나 어려운 일인지 생생하게 묘사하고 있습니다.[1] 작가는 이 소설로 다니자키 준이치로 문학상을 수상했고, 노벨문학상 후보에 오르기도 했습니다.

그리고 한국 천주교의 역사를 돌아봐도 다산 정약용과 세례자 이승훈은 수시로 배교했습니다. 정약용의 자형인 이승훈은 중국의 주문모 신부가 1794년에 조선에 입국하기 전의 10년 동안에 조선의 유일한 세례자였습니다. 그럼에도 이승훈과 정약용은 추궁받을 때마다 목숨을 부지하기 위해 천주교 신자가 아니라고 거짓말을 했습니다. 정약용은 심문장에서 정약망(丁若望)이 누구냐는 질문을 받자 눈 하나 깜짝하지 않고 자기 집안엔 그런 사람은 없다고 대답했습니다. '약망'은 다산 자신의 세례명인 '요한'을 음역한 것이었으니, 정약망을 모른다는 대답은 자기 부정이자 배교 행위였습니다. 다산은 1795년 5월에 주문모 신부를 조선에서 탈출시킨 주역으로 활약했을 정도로 서학(西學, 천주교)의 핵심 멤버였는데도, 그는 목숨을 부지하기 위해 약망을 모른다고 딱 잡아뗀 것입니다.[2] 평화로운 시기에 살고 있는 우리는 한 번도 배교를 강요당해 보지 못했기에 정약

---

1 엔도 슈사쿠 저, 김윤성 역(2009). 『침묵』(3판). 서울: 바오로딸.
2 정민(2022). "감추고 지운 다산의 기록." 『서학, 조선을 관통하다』. 서울: 김영사. pp. 655-661.

용을 위선자라며 비판할 자격은 없을 듯합니다. 심판은 하느님의 몫이기 때문입니다.

전승에 따르면 안드레아는 예수님이 당한 것과 똑같은 방식으로 죽기를 거부했습니다. 그래서 그는 X자 모양의 십자가에 걸린 채 이틀 동안 사람들에게 복음을 전하다가 죽었다고 합니다. 이런 이유로 X자 모양의 십자가를 '안드레아 십자가'라고 합니다. 그가 러시아에서 선교 활동을 했다는 전승도 있습니다. 그래서인지 그는 스코틀랜드와 러시아의 수호성인입니다. 그는 서기 60년경에 순교했는데, 순교는 그가 끝까지 복음 전파에 충실했음을 보여 주는 사건입니다. 안드레아 사도는 어부와 생선장수의 수호성인입니다. 그의 상징물은 X자형 십자가이며, 축일은 11월 30일입니다.

복음 말씀에 나타난 생각의 창

안드레아 사도는 베드로 사도의 동생입니다. 안드레아는 그리스어로 '남자' 또는 '용맹'을 의미합니다. 그는 예수님을 만난 다음에 자기 형인 베드로를 예수님에게 데려왔습니다. 그는 탐구심이 강하고 깊이 생각하는 사람이었을 것으로 보입니다. 그는 처음에 세례자 요한의 제자였는데, 예수님이 더 큰 능력을 가졌다는 세례자 요한의 말을 듣고 예수님을 따랐습니다. 이는 그가 열린 생각을 가진 사람이었다는 구체적인 증거입니다.

요한의 말을 듣고 예수님을 따라간 두 사람 가운데 하나는 시몬 베드로의 동생 안드레아였다. 그는 먼저 자기 형 시몬을 만나, "우리는 메시아를 만났소." 하고 말하였다. '메시아'는 번역하면 '그리스도'이다. 그가 시몬을 예수님께 데려가자, 예수님께서 시몬을 눈여겨보며 이르셨다. "너는 요한의 아들 시몬이구나. 앞으로 너는 케파라고 불릴 것이다." '케파'는 '베드로'라고 번역되는 말이다. (요한 1, 40-42)

안드레아는 세례자 요한이 예수님을 가리켜 '하느님의 어린양'이라고 말하자 예수님을 스스로 찾아갔습니다. 『요한복음』1장 40~42절에서 알 수 있듯이, 그는 예수님을 만나고 나서 베드로 형에게 "우리는 메시아를 만났소." 하고 말합니다. 이는 안드레아가 예수님의 가르침을 깊이 생각하고 이해하려고 노력했다는 구체적인 증거입니다. 여러 일화를 보면 그가 새로운 정보를 받아들이려고 노력한 열린 생각을 가진 사람이었고, 자신이 발견한 진실을 공유하려는 생각나눔의 실행자였습니다. 군중 5천 명을 먹일 음식이 부족하자, 안드레아가 빵 다섯 개와 물고기 두 마리를 가진 아이를 예수님께 데려오는 장면이 『요한복음』에 나옵니다.

그때에 제자들 가운데 하나인 시몬 베드로의 동생 안드레아가 예수님께 말하였다. "여기 보리 빵 다섯 개와 물고기 두

마리를 가진 아이가 있습니다만, 저렇게 많은 사람에게 이것
이 무슨 소용이 있겠습니까?" (요한 6, 8-9)

이 복음 말씀에서 안드레아가 막막한 상황에서도 실제로 도움이
될 만한 작은 해결책이라도 찾으려고 궁리했다는 사실을 엿볼 수 있
습니다. 대규모 군중의 허기를 해결해 줄 먹거리가 없다는 문제에
봉착했을 때, 그는 가능한 자원을 찾아내 예수님에게 가져다드릴 생
각을 한 것입니다. 이는 안드레아가 불가능해 보이는 상황에서 막
막할지라도 해결책을 찾으려고 노력했다는 근거입니다.

안드레아 사도는 새로운 것을 수용하고 이해하려는 열린 생각을
바탕으로 어려운 상황에서도 현실적이고 구체적인 해결책을 모색
했습니다. 우리는 그의 가르침에서 열린 생각과 깊은 사유가 중요
하다는 통찰력을 얻을 수 있기 때문에 안드레아 사도와 '생각하는
집'의 상관성은 충분합니다. 그가 처음으로 예수님을 찾아가는 순간
이 묘사된 『요한복음』 1장 외에도 안드레아 사도의 열린 생각에 관
련된 메시지는 많습니다. 『요한복음』 12장을 보면 예수님을 만나고
싶어 한 그리스인들이 안드레아와 필립보에게 접근하는 일화가 나
옵니다. 이때도 그는 열린 생각으로 그들을 맞이합니다.

축제 때에 예배를 드리러 올라온 이들 가운데 그리스 사람
도 몇 명 있었다. 그들은 갈릴래아의 벳사이다 출신 필립보에

게 다가가, "선생님, 예수님을 뵙고 싶습니다." 하고 청하였다. 필립보가 안드레아에게 가서 말하고 안드레아와 필립보가 예수님께 가서 말씀드리자, 예수님께서 그들에게 대답하셨다. "사람의 아들이 영광스럽게 될 때가 왔다. 내가 진실로 진실로 너희에게 말한다. 밀알 하나가 땅에 떨어져 죽지 않으면 한 알 그대로 남고, 죽으면 많은 열매를 맺는다. 자기 목숨을 사랑하는 사람은 목숨을 잃을 것이고, 이 세상에서 자기 목숨을 미워하는 사람은 영원한 생명에 이르도록 목숨을 간직할 것이다. 누구든지 나를 섬기려면 나를 따라야 한다. 내가 있는 곳에 나를 섬기는 사람도 함께 있을 것이다. 누구든지 나를 섬기면 아버지께서 그를 존중해 주실 것이다." (요한 12, 20-26)

그리스인들이 예수님을 만나고 싶어 할 때, 안드레아와 필립보는 그들의 요구를 받아들이고 예수님에게 소개합니다. 유대인의 시각에서 그리스인들은 이방인이었기 때문에 예수님께 소개하기가 쉽지 않았던 시대였습니다. 안드레아는 이방인과 예수님 사이에서 중개자 역할을 하면서 공생 관계를 모색했습니다. 유대인 입장에서는 그리스인들을 유대인에게 기생하러 온 사람으로 보는 선입견을 가질 수도 있었을 것입니다. 하지만 그는 그리스인들과 공생 관계를 구축할 방안을 궁리했습니다.

제92회 아카데미상에서 감독상을 받은 〈기생충〉(2019)은 작품성과 흥행성 모두에서 성공했습니다. 식구 모두가 백수인 기택(송강호 분)네의 장남 기우(최우식 분)가 박사장(이선균 분) 자녀들에게 고액 과외를 하려고 그 집에 들어가면서 벌어지는 블랙 코미디 영화입니다. 보기에 따라서는 우화(寓話)에 가깝습니다. 두 가족의 만남은 결국 걷잡을 수 없는 수렁에 빠집니다. 모두가 아는 영화 줄거리를 굳이 여기에서 소개할 필요는 없겠고, 영화에서 말하는 기생(寄生)의 의미에 대해서만 살펴보려 합니다.

우리는 모두 누군가의 노고와 희생에 기대어 그 덕분에 살아가는 존재들입니다. 천주교의 김한수 신부는 스스로 반성하는 이성적 능력을 갖춘 기생충이 있다고 상상해 보자고 하며 기생의 중요성을 이렇게 강조했습니다. "자신의 삶을 이성적으로 바라볼 수 있기에 숙주를 향한 무한 감사와 애정이 솟아납니다. 나는 당신으로 말미암아 살아갑니다(寄生)."[3] 숙주의 노고 덕분에 우리 모두가 불로소득의 삶을 이어가고 있다는 깨우침을 주는 말입니다.

누군가 자신에게 기생한다고 느껴질 때, 기생이 아닌 서로에게 기대는 공생(共生) 관계로 생각해 봐야 합니다. 나쁜 생각을 좋은 생각으로 바꾸는 인식 전환이 필요하다는 말씀입니다. 의료인들은 몸속의 대장균마저도 우리에게 필요한 공생 관계라고 말합니다. 대장균

---

3 김한수(2022. 3. 20.). "생명의 말씀: 호의호식합니다, 덕분에." 서울주보, 2386, 천주교 서울대교구. p. 2.

은 사람을 비롯한 포유류의 장내에 서식하는 장내 세균이지만, 대장균이 없으면 우리 몸은 비타민K를 만들지 못합니다. 체내에 비타민K가 부족하면 혈액 응고에 걸리는 시간이 길어지는 비타민K 결핍증이 발생해 문제가 심각해진다는데, 어찌 대장균을 우리 몸에 기생하는 세균으로만 폄하할 수 있겠습니까?

대장균과 우리 몸이 공생 관계이듯, 우리는 혼자서 잘난 체 하며 살아갈 수 없습니다. 모두가 서로들 덕분에 살아갑니다. 심각한 사회 문제로 떠오른 갑을(甲乙) 관계도 공생 관계로 생각을 바꾼다면, 우리나라도 한층 성숙한 사회로 진입할 것입니다. 서로가 서로에게 기대며 살아간다는 '공생의 철학'을 모두가 열린 생각으로 받아들여야 합니다. 안드레아 사도의 열린 생각을 우리도 배워야 합니다. 그는 우리가 열린 생각으로 신앙을 받아들여야 한다고 알려줍니다. 우리는 각자의 신앙의 자세에 대해 묵상하며 신자로서의 바람직한 자세가 무엇인지 깊이 숙고해야 합니다. '생각하는 집'을 방문하는 분들은 안드레아 사도의 가르침에 대해 묵상해 보며, 복음 말씀처럼 생각의 창을 열어야 합니다.

03 야고보 사도와 그리움의 집

세련미가 느껴지는 '그리움의 집' 전경 ⓒ 신안군

그곳에 가서 그리움을 쌓아 보세요

대기점도의 저수지를 지나 논둑길을 따라 걷다 보면 큰 연못이 끝나는 숲 입구에 붉은 기와를 얹은 작은 집이 빨리 오라며 반갑게 손짓하는 것 같습니다. 3번 '그리움의 집'입니다. 위치는 전라남도 신안군 증도면 병풍리 산 135-3입니다. 야고보 사도를 기리기 위해 김강 작가는 숲속에 오두막 한 채를 지었습니다. 몸체는 흰 벽돌과 석회로 마감했습니다. 붉은 기와를 얹은 지붕을 바라보면 고적하면서 허허로운 감정이 몰려올 것입니다. 지붕의 처마를 통나무 기둥 5개가 각각 양쪽에서 떠받치고 있습니다. 처마에 기둥을 새우지 않아도 지붕이 무너질 것 같지는 않습니다. 그런데도 기둥이 있으니

세련미가 느껴지는 '그리움의 집' 전경 ⓒ 신안군

나름대로 멋을 부린 듯 건축미가 살아납니다.

집 입구의 양쪽에는 영주시에 있는 부석사 무량수전(無量壽殿)의 배흘림기둥 같은 기둥을 새웠습니다. 땅에서부터 기둥을 새우지 않고 화분용 구조물 위에 새우니, 조금 어정쩡하게 보이기도 하지만 그런대로 귀여운 느낌이 듭니다. 무량수전 배흘림기둥에 기대서서 영주의 산과 들을 바라볼 때 느끼는 안온한 장엄미(莊嚴美) 같은 것은 없지만, 어색한 것이 없이 품위 있고 깔끔하게 잘 다듬어진 세련미(洗練味)는 느낄 수 있습니다. '그리움의 집'은 숲속에 홀로 있는 오두막 분위기가 물씬 풍기니 장엄미에 비해 세련미가 주변 환경과 더 어울린다는 생각도 듭니다.

꽃을 심을 수 있는 집 앞의 작은 화단이나 나뭇조각을 모아 만든 출입문은 주변의 자연 경관과 집이 조화를 이루도록 의도한 것입니다. 문을 열고 안으로 들어서면 실내 공간이 유독 작게 느껴집니다. 입구에서 볼 때 길게 늘어진 세로형 구조라서 그렇게 보이는 듯합니다. 고개를 들어 맞은편 벽면의 부조(浮彫, 돌과 나무 같은 평면 재료를 깎고 파고 높낮이를 만들어 표현하는 돋을새김 조각 기법) 작품을 보는 순간 흠칫 놀라게 됩니다. 마치 통일신라시대의 혜공왕 7년(771년)에 완성한 성덕대왕신종(聖德大王神鍾)에 새겨진 비천상(飛天像) 같습니다. 펄펄 끓는 쇳물 속에 아기를 넣어 시주했다는 에밀레종 설화가 떠오릅니다.

실내의 하얀 벽면에 왜 에밀레종의 비천상이 있느냐고 반문하며

실내 정면의 하얀 벽에 부조된 비천상
ⓒ 신안군

의아해하실 분도 있을 것입니다. 천주교 신자나 개신교 신자의 입장에서는 섬티아고 순례길에 불교적 상징물이 있다는 점을 마땅치 않게 생각하실 수도 있겠습니다. 하지만 그렇게 생각하실 필요가 없습니다. 섬티아고 순례길에 등장하는 모든 기도 공간이 그리스도교의 상징물인데도 거리낌 없이 이곳을 찾는 불교 신자들도 많으니까요. 작가는 성덕대왕신종에서 영감을 얻어 부조를 새겼다고 합니다. 작가의 창작 의도를 정확히는 알 수 없지만 종교 간의 막힘없는 의사소통을 의도하지 않았을까 싶습니다.

비천상 위쪽의 작은 창문 다섯 개는 하늘로 날아오르는 '좁은 문' 같습니다. 프랑스의 작가 앙드레 지드(André Gide)가 지하에서 동의해 줄 것인지 잠시 궁금해집니다. "너희는 좁은 문으로 들어가라. 멸망으로 이끄는 문은 넓고 길도 넓찍하여 그리로 들어가는 자들이 많

비천상 아래로 파내려 간 기도 공간 ⓒ 신안군

집 뒷면 외벽에 음각된 분홍색 십자가 ⓒ 김병희

03 야고보 사도와 그리움의 집

다. 생명으로 이끄는 문은 얼마나 좁고 또 그 길은 얼마나 비좁은지, 그리로 찾아드는 이들이 적다.”(마태오 7, 13-14) 비천상 아래쪽의 기도 공간은 신발을 벗지 않고도 기도하게끔 원목의 마룻바닥에서 40센티미터 정도 아래로 파내려가 벽돌로 마감했습니다. 집 뒷면의 외벽에 음각된 분홍색 십자가가 설치돼 있는데 묘하게도 반전의 매력이 느껴집니다. ‘그리움의 집’에 머물러 있는 동안에 모든 분이 종교를 초월해서 가장 그리운 한 사람을 떠올려 보면 좋겠습니다.

야고보 사도의 생애와 교훈

야고보(야고보, Iacobus Maior, James the Greater) 사도는 예수님의 충성스런 제자입니다. 야고보는 그리스어로 ‘그가 잡아당겼다’는 뜻인데, 예수님의 12제자 중에서 야고보란 이름이 두 명 있었습니다. 따라서 구별하기 쉽게 야고보 사도를 ‘대 야고보’라 부르는 경우도 많습니다. 성경을 읽어 보면 그는 요한 사도의 형이자 제베대오의 아들로 소개되고 있습니다.

그는 예수님과 가장 가까운 사도의 한 사람입니다. 따라서 교회에서는 그의 신앙심과 충성심을 모범으로 삼고 있습니다. 야고보와 그의 동생 요한은 어부였습니다. 그들은 아버지와 바다에서 고기를 잡다가 예수님의 부름을 받았습니다. 성경에서는 야고보를 매우 열정적인 성격으로 묘사하고 있습니다. 예수님은 야고보와 그의 동생

야고보 사도(1611~1612, 루벤스), 108×83cm 유화,
스페인 프라도미술관 소장

요한을 '보아네르게스(천둥의 아들)'라고 불렀는데, 이를 바탕으로 그
들이 열정적이고 격한 성격을 지닌 사람이었을 것이라고 추정할 수
있습니다.

거기에서 더 가시다가 예수님께서 다른 두 형제, 곧 제베대오
의 아들 야고보와 그의 동생 요한이 배에서 아버지 제베대오와
함께 그물을 손질하는 것을 보시고 그들을 부르셨다. 그들은 곧
바로 배와 아버지를 버려 두고 그분을 따랐다. (마태오 4, 21-22)

이 복음 말씀에서 야고보가 예수님의 부름에 즉시 응답했음을 알수 있는데, 이는 복음 전파에 대한 그의 용기와 헌신을 보여 주는 구체적인 사례입니다. 그는 자신의 생활과 직업을 버리고 미래를 알수 없는데도 예수님을 따르기로 결심했습니다. 예수님의 복음을 전하는 일에 자기 인생을 건 것입니다. 그는 12사도 중에서 최초의 순교자입니다. 그는 서기 44년 무렵에 헤롯 아그리파 1세에게 체포돼처형됐습니다. 그의 죽음이 세세히 기록돼 있지는 않지만, 그는 칼에 찔려 죽었다고 알려져 있습니다.

야고보 사도가 묻힌 곳은 잘 알려지지 않았습니다. 9세기 무렵, 하늘에서 별빛이 내려와 어느 동굴을 비췄다고 합니다. 그러자 사람들은 별빛을 따라갔는데 거기에 무덤이 있었다고 합니다. 사람들은 그의 유해를 발굴해 스페인의 산티아고 데 콤포스텔라(Santiago de Compostela)로 옮기고 대성당을 지은 다음 그 유해를 모셨습니다. 800킬로미터에 이르는 스페인 산티아고 순례길의 최종 목적지가 그곳입니다. 성 야고보를 에스파냐어로 말하면 산티아고인데, 야고보성인의 신앙심이 지금까지도 생생히 살아 있는 것 같습니다.

『사도행전』에서는 헤롯 아그리파 1세가 그를 사형시킨 다음 유대인들로부터 호감을 얻었다고 기록합니다(사도행전 12, 3). 헤롯은 권력을 유지하고 강화하기 위한 목적에서 그리스도교 신자들을 박해했습니다. 순례자들의 수호성인인 그는 발칸반도의 보스니아 헤르체고비나 서남부에 있는 시골 마을 메주고리에 본당의 주보성인이

기도 합니다. 성모님께서 발현했다는 소식에 세계적으로 널리 알려진 그 성당 말입니다. 야고보 사도는 순례자의 수호성인입니다. 그의 상징물은 지팡이와 호리병이며, 축일은 7월 25일입니다.

복음 말씀에 나타난 참 그리움

야고보 사도는 '천둥의 아들'이란 별명처럼 동생 요한과 마찬가지로 열정적인 성격이었습니다. MBTI 검사를 해 보면[1] 그의 성격 유형은 '열정모험선호형(ENFP)'으로 나올 것 같습니다. 그는 돌고래처럼 열정적인 성격이라 예수님의 가르침을 열심히 따르려고 누구보다 노력했을 것입니다. 야고보 사도가 첫 번째 순교자가 된 데는 '열정모험선호형'이라는 MBTI 유형도 영향을 미쳤을 것이라 추정해 봅니다. 그는 삶의 마지막 순간에 예수님과 하늘나라에 대한 그리움을 격정적으로 토로하지 않았을까요? 그가 겪었을 법한 마지막 순간의 그리움을 간접적으로나마 느껴 보면 좋겠습니다. 『사도행전』에서 그의 마지막 순간을 엿볼 수 있습니다.

그즈음 헤로데 임금이 교회에 속한 몇몇 사람을 해치려고

---

1 송미리, 박보민, 강새하늘, 김명준(2021). "한국인 대표 표본의 MBTI 유형 분포 연구: 2012-2020년 자료를 바탕으로." 심리유형과 인간발달(구 한국심리유형학회지), 22(2), pp. 19-41.

손을 뻗쳤다. 그는 먼저 요한의 형 야고보를 칼로 쳐 죽이게 하고서, 유다인들이 그 일로 좋아하는 것을 보고 베드로도 잡아들이게 하였다. 때는 무교절 기간이었다. 그는 베드로를 붙잡아 감옥에 가두고 네 명씩 짠 네 개의 경비조에 맡겨 지키게 하였다. 파스카 축제가 끝나면 그를 백성 앞으로 끌어낼 작정이었던 것이다. 그리하여 베드로는 감옥에 갇히고 교회는 그를 위하여 끊임없이 기도하였다. (사도행전 12, 1-5)

야고보는 첫 번째 순교자 사도로서, 그가 겪었을 고통과 죽음은 그의 믿음이 극심한 고난 속에서도 결코 굴하지 않았음을 보여 줍니다. 그의 삶과 죽음을 통해 그리스도인이라면 고통을 겪을 때에도 예수님과 하늘나라에 대한 그리움으로 믿음을 지켜야 한다는 교훈을 얻을 수 있습니다. 예수님과 하늘나라에 대한 그리움은 어려움을 겪는 사람들에게 힘이 됩니다. 세상 권력의 핍박 속에서도 그는 믿음을 지켰고, 그는 결국 그리스도를 위해 자신의 모든 삶을 바쳤습니다.

칼에 찔려 죽어가면서도 승천한 예수님을 그리워한 그의 신앙심은 후세의 신자들에게 깊은 영감을 남겼습니다. 우리는 그의 생애와 순교자 정신을 통해, 설령 우리가 어떠한 고통에 직면하더라도 예수님과 하늘나리에 대한 그리움으로 믿음을 굳건히 지켜야 한다는 신앙의 지조(志操)를 배울 수 있습니다. 우리가 일상생활에서 고통스런 순간을 겪을 때마다 야고보 사도의 생애를 떠올린다면 고통을 이겨낼 힘을 얻을 것 같습니다.

그때에 제베대오의 두 아들의 어머니가 그 아들들과 함께 예수님께 다가와 엎드려 절하고 무엇인가 청하였다. 예수님께서 그 부인에게 "무엇을 원하느냐?" 하고 물으시자, 그 부인이 "스승님의 나라에서 저의 이 두 아들이 하나는 스승님의 오른쪽에, 하나는 왼쪽에 앉을 것이라고 말씀해 주십시오." 하고 말하였다. 예수님께서 "너희는 너희가 무엇을 청하는지 알지도 못한다. 내가 마시려는 잔을 너희가 마실 수 있느냐?" 하고 물으셨다. 그들이 "할 수 있습니다." 하고 대답하자, 예수님께서 그들에게 말씀하셨다. "너희는 내 잔을 마실 것이다. 그러나 내 오른쪽과 왼쪽에 앉는 것은 내가 허락할 일이 아니라, 내 아버지께서 정하신 이들에게 돌아가는 것이다." 다른 열 제자가 이 말을 듣고 그 두 형제를 불쾌하게 여겼다. (마태오 20, 20-24)

야고보와 그의 동생 요한은 그리스도의 영광에 참여하기를 바랐지만, 예수님은 그들에게 고난을 함께 나누기를 권고하셨습니다. 예수님은 그들에게 그의 '잔'(고난과 순교)을 마실 수 있는지 물으십니다. 이는 예수님의 고난과 고통, 그리고 그의 순교를 의미합니다.

03 야고보 사도와 그리움의 집

야고보와 요한에게도 그들이 바라는 영광에 도달하기 위해서는 그와 같은 고난도 겪어야 한다고 가르칩니다. 『야고보 서간』에 그 내용이 있습니다.

나의 형제 여러분, 갖가지 시련에 빠지게 되면 그것을 다시없는 기쁨으로 여기십시오. 여러분도 알고 있듯이, 여러분의 믿음이 시험을 받으면 인내가 생겨납니다. 그 인내가 완전한 효력을 내도록 하십시오. 그리하면 모든 면에서 모자람 없이 완전하고 온전한 사람이 될 것입니다. 여러분 가운데에 누구든지 지혜가 모자라면 하느님께 청하십시오. 하느님은 모든 사람에게 너그럽게 베푸시고 나무라지 않으시는 분이십니다. 그러면 받을 것입니다. 그러나 결코 의심하는 일 없이 믿음을 가지고 청해야 합니다. 의심하는 사람은 바람에 밀려 출렁이는 바다 물결과 같습니다. 그러한 사람은 주님에게서 아무것도 받을 생각을 말아야 합니다. 그는 두 마음을 품은 사람으로 어떠한 길을 걷든 안정을 찾지 못합니다. (야고보 서간 1, 2-8)

이 복음 말씀에서는 우리가 온갖 시련에 빠지더라도 그 시련을 다시없는 기쁨으로 여기고 받아들이라고 강조합니다. 시련과 고통이 우리의 인내심을 키워 우리 자신을 더 강하고 온전한 사람으로 만들어 준다는 뜻입니다. '그리움의 집'을 찾는 분들은 복음 말씀처럼 시련을 고통스럽게만 받아들일 필요는 없겠습니다. 『야고보 서간』에서는 우리가 시련에 직면했을 때 예수님과 하늘나라에 대한 그리움으로 그 시련에서 벗어날 순간을 생각하며 기도하라고 가르치고 있습니다. 우리는 3평 남짓한 이 공간에서 그의 가르침을 우리 삶에 어떻게 적용할 것인지 묵상해 봐야 합니다. 그렇게 해야 야고보 사도의 가르침을 제대로 자기 것으로 만들 수 있습니다.

> 그러므로 하느님께 복종하고 악마에게 대항하십시오. 그러면 악마가 여러분에게서 달아날 것입니다. 하느님께 가까이 가십시오. 그러면 하느님께서 여러분에게 가까이 오실 것입니다. 죄인들이여, 손을 깨끗이 하십시오. 두 마음을 품은 자들이여, 마음을 정결하게 하십시오. 탄식하고 슬퍼하며 우십시오. 여러분의 웃음을 슬픔으로 바꾸고 기쁨을 근심으로 바꾸십시오. 주님 앞에서 자신을 낮추십시오. 그러면 그분께서 여러분을 높여 주실 것입니다. (야고보 서간 4, 7-10)

이 말씀은 우리가 고통을 겪을 때, 예수님과 하늘나라에 대한 그리움으로 우리의 마음을 깨끗하게 하고, 우리의 슬픔을 인정하고, 그것을 통해 우리의 삶을 개선하는 방법을 가르칩니다. 너무 편하게만 살아가려고 하는 우리는 좀 더 불편한 삶을 지향하는 것도 좋겠습니다. 조금 불편하게 살아가는 것은 야고보 사도의 순교에 비

하면 아무 일도 아닙니다. 조금 불편하게 살아가는 과정에서 참 신
앙에 대한 그리움이 무럭무럭 자랄 수도 있습니다. 다음 말씀도 깊
이 묵상할 만합니다.

여러분 가운데에 고통을 겪는 사람이 있습니까? 그런 사람
은 기도하십시오. 즐거운 사람이 있습니까? 그런 사람은 찬양
노래를 부르십시오. 여러분 가운데에 앓는 사람이 있습니까?
그런 사람은 교회의 원로들을 부르십시오. 원로들은 그를 위
하여 기도하고, 주님의 이름으로 그에게 기름을 바르십시오.
그러면 믿음의 기도가 그 아픈 사람을 구원하고, 주님께서는
그를 일으켜 주실 것입니다. 또 그가 죄를 지었으면 용서를
받을 것입니다. 그러므로 서로 죄를 고백하고 서로 남을 위하
여 기도하십시오. 그러면 여러분의 병이 낫게 될 것입니다.
의인의 간절한 기도는 큰 힘을 냅니다. (야고보 서간 5, 13-16)

이 말씀에서 고통을 겪을 때마다 기도를 통해 우리가 위안을 받을
수 있음을 배우게 됩니다. 우리가 예수님과 하늘나라를 그리워하지
않는다면 기도할 필요가 없을 것입니다. 언젠가 세월이 가면 우리
는 모두 세상과 작별합니다. 살아오는 동안에 세 가지가 있었는지
없었는지에 따라, 생의 마지막 순간에 사람마다 죽음을 대하는 자세
가 크게 다르다고 합니다. 추억, 선행, 믿음(종교)이 그것입니다. 살

아오는 동안 잊지 못할 추억이 있었는지 없었는지, 자기 이익만 좇으며 살았는지 아니면 남에게 선행도 베풀며 살았는지, 그리고 믿음이 있었는지 없었는지에 따라, 인생의 마무리 단계에서 사람마다 죽음을 대하는 자세가 크게 다르다고 합니다. 성필립보생태마을 관장인 황창연 신부의 강연 말씀입니다.[2] 종교를 초월해서 무신론자들도 귀담아 들을 만한 내용입니다.

　신앙심이 강하면 죽음도 두렵지 않을 것입니다. 따라서 '그리움의 집'을 찾는 분들은 야고보 사도의 가르침을 기억하고, 예수님과 하늘나라를 어떻게 그리워할 것인지 되돌아봐야 합니다. 의심하지 않고 믿는 신앙이 좋은 신앙입니다. 하늘나라가 존재한다고 믿지도 않으면서 습관적으로 교회나 성당에 나가지는 않았는지, 토요일 밤이나 일요일이 어김없이 돌아오면 마치 주말여행 떠나듯 관광객처럼 교회나 성당에 나가지는 않았는지, 자신의 신앙 패턴을 진지하게 되돌아봐야 합니다. 복음 말씀에 나타난 참 그리움이 무엇인지 묵상해 봐야 합니다. 이것이 바로 '그리움의 집'에서 기리는 야고보 사도의 가르침입니다.

2　황창연(2015. 11. 8.). "황창연 신부의 죽음 껴안기 3부." 평화방송.

04 요한 사도와 생명평화의 집

천문대처럼 보이는 '생명평화의 집' 전경 ⓒ 신안군

그곳에서 생명평화를 느껴 보세요

대기점도의 남촌마을 입구에 들어서면 팔각정이 보입니다. 바로 그 팔각정 근처에 외관이 하얗게 돋보이는 4번 '생명평화의 집'이 있습니다. 위치는 전라남도 신안군 중도면 병풍리 762-1입니다. 원통형으로 쌓아올린 벽돌집인데 외벽은 완만하고 매끄러운 석회 표면으로 마감했습니다. 이 건축 예술품의 외벽에 하얀색을 칠하지 않고 회갈색 벽돌로 쌓았다면 어떻게 보일까요? 마치 신라 선덕여왕 (632-647) 시기에 건축한 첨성대를 닮았을 것 같습니다. 멀리에서 원통형 건축 예술품을 바라보면 신라시대에 별자리를 관측하던 천문대처럼 보입니다.

치마처럼 펼쳐진 계단을 올라가면 집 입구에 염소 조각상이 있습니다. 방문객에게 어서 오라며 인사하는 듯합니다. 염소를 키우는 오지남 할아버지가 땅을 기증하자, 박영균 작가는 멋진 조각 작품으로 보답했습니다. 귀동냥으로 들어본 사정은 이렇습니다. 작가는 처음에 고양이 조각상을 만들고 있었답니다. 그런데 지나가던 주민한 분이 이렇게 말했습니다. "염소구만!" 그래서 작가는 만들던 고양이를 예쁜 염소로 변형시켜 외뿔 염소를 완성했다고 합니다.

이 집의 전체 모형은 남성을 상징하고, 출입구는 여성을 상징한다고 합니다. 그래서 입구를 직사각형이 아닌 펜촉 모양으로 디자인했을까요? 작가는 '생명평화의 집'을 설계할 때, 실내에서 밖으로 트

계단에 설치된 외뿔 염소 조각상 ⓒ 신안군

인 공간을 특별히 고려했습니다. 그래서 건축 예술품의 입구와 출구를 확 텄습니다. 그렇게 해서 하늘과 땅이 마주보며 앞뒤로 소통하고 있는 것 같은 멋진 기도 공간이 완성됐습니다.

건물 안으로 들어가 보면 밖으로 길게 뻗은 바람 창이 나 있습니다. 그 창은 바람이 솔솔 통하는 창이지만, 안(내면)과 바깥(외면)의 소통을 상징하는 길처럼 느껴집니다. 기도 공간 안에는 '생명평화의 집'을 지으라며 땅을 기증한 오지남 할아버지의 순애보가 스며있습니다. 바닷가 건물에서 창을 내려면 보통 바다 쪽으로 창을 내게 됩니다. 하지만 이 집에서는 창이 바다 쪽을 향하지 않고 밭쪽을 바라보고 있습니다. 창밖을 보면 할아버지보다 먼저 세상을 뜬 할머니의 무덤이 저만치에 있습니다.

04 요한 사도와 생명평화의 집

할머니의 무덤을
볼 수 있는 바람 창
ⓒ 신안군

　할아버지의 요청으로 무덤이 보이는 쪽으로 창을 냈습니다. 바다
쪽이 아닌 밭쪽을 향해 창을 낸 데는 그런 사연이 있었습니다. 죽은
다음에도 할머니를 잊지 못하는 할아버지의 순애보에 가슴이 먹먹
해집니다. 창밖 저만치에 있는 무덤을 보고 있었더니 삶과 죽음이
유리창 한 장 차이 같다는 생각도 들었습니다. 창 안쪽이 삶이라면
창 바깥은 죽음이겠지요. 삶과 죽음이란 결국 생명의 지속과 소멸
을 어떻게 인식할 것인지의 문제로 귀결됩니다. 우리가 살아가는
동안에 뭇 생명들을 존중하고 더불어 평화롭게 살아야 하는 이유도
그 때문입니다.

　실내 바닥에는 다양한 컬러의 나무 타일 조각이 깔려 있고 모자이
크 타일로 만든 곡선형 의자도 있습니다. 의자와 바닥 중앙에 새겨

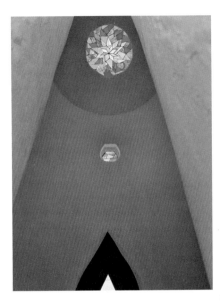

빛의 밝기에 반응하는
스테인드글라스 창
ⓒ 김병희

다양한 컬러의
나무 타일조각 바닥 ⓒ 신안군

04 요한 사도와 생명평화의 집

진 '생명, 평화, 탄생'을 상징하는 문양도 볼만합니다. 천장에 붙어 있는 스테인드글라스 창은 너무 아름답습니다. 이 창은 빛의 밝기에 따라 색깔이 수시로 변하고 반응합니다. 천장을 통해 빛이 쏟아지면 실내의 모든 것이 슬슬 기지개를 켜며 일어섭니다. 하얗게 칠한 벽에는 타일 조각으로 수놓은 생명나무가 자라고 있습니다. 생명력이 느껴지는 장면입니다. 느릿느릿 봐야 생명평화의 맛을 제대로 느낄 수 있습니다. '생명평화의 집'에 머무르는 동안, 모든 분이 종교를 초월해 요한 사도가 알려 준 생명평화의 참뜻을 헤아려 보십시오.

요한 사도의 생애와 교훈

요한(요한, Ioannes, John) 사도는 예수님의 제자 중에서 삼총사(베드로, 야고보, 요한)의 한 명이었는데, 예수님이 특별히 사랑하는 제자였습니다. 그는 제베대오의 아들이자 야고보(대 야고보)의 동생인데, 야고보와 마찬가지로 어부였습니다. 그들은 아버지와 함께 바다에서 고기를 잡다가 예수님의 부르심을 받았습니다. 그의 삶은 예수님에 대한 사랑과 겸손으로 일관했습니다. 그는 예수님이 부활하신 다음에는 신앙 공동체의 주요 지도자로 활동하면서 『요한복음』,『요한의 첫째 서간』,『요한의 둘째 서간』,『요한의 셋째 서간』,『요한북시복』을 저술했습니다.

요한 사도(1611, 루벤스), 107.5×83cm 유화,
스페인 프라도미술관 소장

이탈리아의 간호사 출신으로 종신 서원한 마리아 발또르따(Maria
Valtorta, 1897~1961)는 병상에서 예수님의 음성을 듣고 환시(幻視)
를 받아『하느님이시요 사람이신 그리스도의 시』10권을 썼습니다.[1]

---

1   마리아 발또르따는 요한 사도와 관련이 깊습니다. 『하느님이시요 사람이신 그리
    스도의 시』제2권의 일러두기에서는 책에서 예수님이 그녀를 '작은 요한'으로 부르
    는 이유를 이렇게 설명합니다. "예수님은 마리아 발또르따에게 가끔 '작은 요한'이
    라는 이름으로 부르십니다. 어떤 요한에 대해서 일까요? 가장 젊고, 순결하고, 겸
    손하고, 너그럽고, 용감하고, 십자가 밑에까지 충실했던 사도 요한에 대해서입니
    다. 예수님은 마리아 발또르따를 사도 요한의 영혼과 마음과 정신과 똑같은 수준

평균 600~700쪽 분량의 10권짜리 책에서는 예수님의 탄생부터 부활에 이르는 과정을 지금 눈앞에 펼쳐지듯 생생히 그려 냈습니다. 그녀는 자신이 쓰지 않았고 예수님이 들려준 음성을 단지 받아 적었을 뿐이라고 고백했습니다. 비오 12세 교황은 1947년에 원고를 읽고 나서 아무것도 삭제하지 말고 그대로 출판하라고 권고한 바 있습니다. 이 책의 제2권에 예수님과 12사도들이 처음 만나는 장면이 나옵니다. 요한 사도는 "매력 있는 젊은 얼굴에다 깨끗하고 웃는 눈으로" 바라보는 "금빛 솜털밖에" 없는 스무 살 안팎의 청년으로 등장합니다. 이 책에서는 예수님과 요한 사도가 처음 만난 순간을 이렇게 묘사했습니다.[2]

요한이 맨 먼저 예수를 보고 형과 다른 동생들에게 그분을 가리킨다. 그들은 자기들끼리 말을 좀 하다가 요한이 예수를 따라가려고 빨리 걷기 시작한다. 야고보는 그보다 더 느리게 따라간다. 다른 사람들은 예수는 상관하지 않고 토론을 하면서 천천히 걸어간다.

요한이 예수 가까이 그분에게서 겨우 2, 3미터 떨어진 곳에

에까지 만들려고 생각하셨습니다. 이런 뜻에서 마리아 발또르따에게 말씀하시기 위해서 작은 요한이라는 이름을 사용하셨습니다." (16쪽)

2 마리아 발또르따 저, 안응렬 역(1989). 『하느님이시요 사람이신 그리스도의 시』 제2권. 서울: 가톨릭 크리스챤. pp. 40-41.

이르렀을 때 이렇게 외친다. "세상의 죄를 없애시는 하느님의 어린 양이여!"

예수께서는 돌아서서 그를 바라보신다. 두 사람은 몇 걸음 떨어져 있다. 그들은 살펴본다. 예수께서는 근엄하고 날카로운 눈길로 바라보시고, 요한은 처녀의 얼굴 같은 매력 있는 젊은 얼굴에다 깨끗하고 웃는 눈으로 바라본다. 나이는 스물 안팎으로 보이고, 볼그레한 뺨에는 금빛 베일 같아 보이는 금빛 솜털밖에는 아무것도 없다.

"누구를 찾느냐?" 하고 예수께서 물으신다.

"선생님을 찾습니다."

"내가 선생이라는 것을 어떻게 아느냐?"

"세례자가 제게 그렇게 말해 주었습니다."

"그렇다면, 왜 나를 어린 양이라고 부르느냐?"

"선생님이 한 달 남짓 전에 어느 날 지나가실 때 선생님을 그렇게 부르는 것을 들었기 때문입니다."

"내게서 무엇을 원하느냐?"

"저희에게 영원한 생명의 말씀을 해 주시고 위로해 주시기를 원합니다."

"너는 누구냐?"

"저는 제베대오의 아들 요한이고, 이 사람은 제 형 야고보입니다. 저희는 갈릴래아에서 왔는데, 어부들이고 요한[3]의

제자이기도 합니다. 요한은 저희에게 생명의 말씀을 했고, 저
희는 그분의 말을 들었습니다."

　성경에 따라 요한 사도의 성격이 다르게 기록돼 있습니다. 예수님
은 요한과 그의 형 야고보를 '보아네르게스(천둥의 아들)'라고 불렀습
니다(마르코 3, 17). 우리는 그가 격렬한 성격이었을 것이라고 추정
할 수 있지만, 성경에서는 요한의 이름을 명시하지 않고 '예수님이
사랑하는 제자'로 묘사하기도 합니다(요한 13, 23; 19, 26; 20, 2; 21, 7;
21, 20). 그래서인지 그는 예수님이 십자가에 매달릴 때 12사도 중에
서 유일하게 도망치지 않았고 형장까지 동행했습니다. 나중에는 예
수님의 말씀을 받들며 성모님을 모시고 살았습니다.

　요한 사도의 죽음에 대한 구체적인 내용을 성경에서 찾기는 어렵
고, 자연사했다고 알려져 왔습니다. 전승에 따르면 그는 로마에서
독이 든 잔을 마시고도 죽지 않았다고 합니다. 서기 1세기 말에서
2세기 초에 아시아의 에페소[4]에서 죽었다고 전해지는 그는 12사도
중에서 유일하게 자연사한 인물입니다. 그의 장수와 평화로운 사망

3　여기에서의 요한은 세례자 요한을 의미한다.
4　에페소는 튀르키예(터키) 서부의 에게해 연안에 위치한 이즈미르주의 카이스트로
　스강 어귀에 있던 고대 그리스의 식민 도시 유적으로, 기독교 성경에서는 에페소 또
　는 에베소로 언급된다. 2015년에 유네스코(UNESCO) 세계문화유산으로 등재되었
　다.

은 다른 사도들의 고난과 비교할 때 자주 인용되기도 합니다. 요한 사도는 작가, 예술가, 인쇄업자의 수호성인입니다. 그의 상징물은 독수리와 성배(聖杯)이고, 축일은 12월 27일입니다.

복음 말씀에 나타난 생명평화

요한 사도의 별명은 '사랑의 사도'입니다. 그가 사랑의 중요성을 특히 강조했기 때문입니다. 섬티아고 순례길에서 11번 '사랑의 집'은 시몬 사도를 기리는 집입니다. 믿음과 소망과 사랑 중에서 사랑이 으뜸이라는 말씀처럼(코린토 신자들에게 보낸 첫째 서간 13, 13), 12사도 모두가 사랑을 베풀었기에 시몬 사도를 기리며 '사랑의 집'이라 명명한 것을 잘못됐다 할 수는 없습니다. 그래도 11번 '사랑의 집'은 보편적으로 사랑의 사도로 알려진 요한 사도에게 더 어울리는 명칭일 듯합니다.

요한 사도는 복음을 전파하는 과정에서 핵심적인 역할을 했습니다. 예수님이 사랑하는 제자라는 독특한 관계에서 알 수 있듯이, 그는 예수님의 가르침을 깊이 이해하려고 노력했습니다. 그가 쓴 요한복음은 예수님의 사랑을 알리며 초기 그리스도교의 전파에 지대한 영향을 미쳤습니다. 『요한복음』을 읽어 보면 그가 예수님의 사랑과 가르침을 어떻게 강조했는지 상세히 알 수 있습니다.

내가 너희에게 새 계명을 준다. 서로 사랑하여라. 내가 너희를 사랑한 것처럼 너희도 서로 사랑하여라. 너희가 서로 사랑하면, 모든 사람이 그것을 보고 너희가 내 제자라는 것을 알게 될 것이다. (요한 13, 34-35)

이 복음에서는 사랑이 그리스도인의 생활에서 얼마나 중요한 덕목인지 알려 줍니다. 겸손한 성품인 그는 예수님의 가르침을 깊이 이해하고 전파하려고 노력했습니다. 그의 복음을 읽다 보면 사랑, 겸손, 진리, 그리고 하느님의 존재에 대한 깊은 통찰을 엿볼 수 있습니다. 한편으로 그는 열정적이고 의지가 강한 사람이었는데, 그의 강한 의지는 복음을 전하는 사도 역할을 수행하는 데 도움이 되었을 것입니다. 『요한복음』에서는 예수님 안에 빛과 생명이 있다고 하며 예수님이 주시는 평화를 강조합니다.

그분 안에 생명이 있었으니 그 생명은 사람들의 빛이었다. 그 빛이 어둠 속에서 비치고 있지만 어둠은 그를 깨닫지 못하였다. 하느님께서 보내신 사람이 있었는데 그의 이름은 요한이었다. 그는 증언하러 왔다. 빛을 증언하여 자기를 통해 모든 사람이 믿게 하려는 것이었다. (요한 1, 4-7)

이 복음에서는 예수님을 통한 생명의 개념과 어둠을 이기는 빛의 개념을 도입합니다. 여기에서 어둠이란 인간의 죄와 무지를 상징하는데, 우리가 어떤 상황에 처하더라도 희망을 가져야 한다는 비유입니다. 어둠이 우리를 둘러싸고 있을지라도, 예수님의 빛은 우리를 이끌고, 우리에게 생명을 주며, 우리를 평화로 이끌 수 있다는 말씀입니다. 이 말씀은 우리가 직면한 어려움에 도전해야 하고, 어둠 속에서도 희망을 찾아야 한다는 의지를 상기시킵니다. 고난과 불확실성에 직면할지라도 우리가 예수님의 빛을 믿고 따르면 어둠을 이길 수 있다는 말씀입니다.

> 예수님께서 그에게 말씀하셨다. "나는 길이요 진리요 생명이다. 나를 통하지 않고서는 아무도 아버지께 갈 수 없다."
> (요한 14, 6)

> 나는 너희에게 평화를 남기고 간다. 내 평화를 너희에게 준다. 내가 주는 평화는 세상이 주는 평화와 같지 않다. 너희 마음이 산란해지는 일도, 겁을 내는 일도 없도록 하여라. (요한 14, 27)

이 말씀에서 예수님의 평화는 세상의 평화와는 다르다는 점을 알 수 있습니다. 세상의 평화는 불안과 공포와 불확실성에 따라 위협을 받지만, 예수님의 평화는 변하지 않고 영원하다는 뜻입니다. 믿음과 겸손과 사랑을 통해 평화를 경험할 수 있습니다. 이 말씀을 깊이 묵상해 보면 우리의 삶에 평온함과 안정감을 가져다주는 예수님의 평화에 공감하게 됩니다. 이 평화는 불안과 공포와 불확실성을 이기는 데 도움이 되고, 우리의 삶에도 깊은 의미를 부여할 것입니다.

이 복음은 또한 우리가 어떻게 평화를 추구하느냐에 따라 예수님의 빛을 우리 생활에서 드러낼 수 있는지 알려 줍니다. 우리가 다른 사람을 친절히 대하고, 용서하며, 사랑할 때 그 빛이 더 빛날 것입니다. 이렇게 해야 우리는 예수님의 빛을 우리 주변에 반영하며 일상 생활에서 더 많은 평화와 기쁨을 누릴 수 있습니다. 즉, 빛은 생명을 의미하고 어둠은 멸망과 죽음을 의미합니다. 요한 사도와 생명평화에 관련된 복음 말씀은 이밖에도 더 있습니다. 다음 복음 말씀을 읽어 봅시다.

나는 문이다. 누구든지 나를 통하여 들어오면 구원을 받고, 또 드나들며 풀밭을 찾아 얻을 것이다. 도둑은 다만 훔치고 죽이고 멸망시키려고 올 뿐이다. 그러나 나는 양들이 생명을 얻고 또 얻어 넘치게 하려고 왔다. 나는 착한 목자다. 착한 목자는 양들을 위하여 자기 목숨을 내놓는다. (요한 10, 9-11)

내가 여러분에게, 곧 하느님의 아드님의 이름을 믿는 이들에게 이 글을 쓰는 까닭은, 여러분이 영원한 생명을 지니고 있음을 알게 하려는 것입니다. (요한의 첫째 서간 5, 13)

이 말씀에서 예수님의 목표가 우리에게 영원한 생명을 주는 데 있다는 사실을 깨닫게 됩니다. 생명이란 단순한 생존 개념을 넘어서 영원한 생명을 의미하며, 사랑, 평화, 기쁨, 그리고 하느님과의 관계까지 포함하는 개념입니다. 이 복음은 또한 평화가 어떻게 진정한 생명의 일부가 될 수 있는지 알려 줍니다. 우리가 타인과의 관계에서 평화를 추구하고 갈등과 분노를 해결할 방법을 찾을 때 생명의 가치가 실현됩니다.

우리는 예수님이 알려 주신 평화를 삶 속에서 녹여 내며 가치 있는 인생을 살아가야 합니다. '생명평화의 집'을 방문하는 분들은 요한 사도를 기리는 곳이라는 사실을 기억하고, 그의 가르침을 우리 삶에 어떻게 적용할 것인지 자주 생각해 봐야 합니다. 물질적인 풍요로움이나 세속적인 성공을 넘어서, 우리 내면에서 영적 성장을 모색해야 합니다. 그렇게 하면 우리는 신앙 속에서 생명을 얻고 평화롭게 살아가지 않을까요? 복음 말씀에 나타난 생명평화 메시지는 우리 모두에게 생명의 양식이 될 것입니다.

05 필립보 사도와 행복의 집

작은 돛단배 같은 '행복의 집' 전경 ⓒ 김병희

그곳에 가서 행복을 찾아보세요

대기점도와 소기점도를 거쳐 소악도의 노둣길 초입에 다다르면 5번 '행복의 집'을 만날 수 있습니다. 위치는 전라남도 신안군 중도면 병풍리 860입니다. 소기점도와 소악도를 연결하는 217미터 길이의 노둣길에서 소악도의 초입에 위치하고 있습니다. 프랑스 남부 툴루즈 지방 출신의 장미셸 후비오, 파코, 브루노 작가는 필립보 사도를 기념하기 위해 3인 공동으로 '행복의 집'을 지었습니다. 그들은 고향의 붉은 벽돌과 섬에서 채취한 자갈을 건축 지재로 활용해 열 달 동안 애쓴 끝에 집을 완공했습니다.

작가들은 건축 아이디어가 막힐 때마다 벽돌 한 장 쌓고 동네 한 바퀴를 돌고나서 다시 벽돌을 쌓아나갔다고 합니다. 그토록 공을 들인 이 건축 예술품은 참 아담하게 느껴집니다. 멀리서 보면 마치 작은 돛단배 같습니다. 프랑스 남부의 전형적인 건축 형태를 띠고 있는 '행복의 집'은 적벽돌로 기본 골격을 완성했습니다. 인근 바닷가에서 주워 온 갯돌로 벽돌과 벽돌 사이를 매웠습니다. 크기는 작지만 아무리 거친 태풍이 불어와도 끄떡없을 정도로 야무져 보이는 집입니다. 이곳에서 노둣길과 바다를 바라보면 계절과 시간 그리고 물때에 따라 변하는 풍경을 행복한 마음으로 감상할 수 있습니다.

지붕도 주변의 풍광과 어우러져 무척 아름답습니다. 지붕의 곡선은 이 건축 예술품에서 가장 빛나는 부분입니다. 작가들은 메타세

나무를 물고기 비늘 모양으로
잘라 붙인 지붕 ⓒ 신안군

퀴이아 나무를 물고기 비늘 모양으로 자른 다음 하나하나 손으로 붙여 뾰족한 첨탑 지붕을 완성했습니다. 적삼목과 동판을 덧대기도 했습니다. 유려한 지붕 곡선은 국내에서 좀처럼 보기 드문 형태입니다. 지붕이 마치 하늘을 향해 올라가는 것 같고 조형 예술미도 돋보입니다. 지붕 꼭대기의 철탑에는 물고기 조각을 매달아 바닷가에 사는 주민들의 생업을 표현했습니다. 작고 소박한 물고기 조각이 하늘을 향해 매달려 있는데, 지붕 곡선과 어우러지며 묘한 매력을 내뿜고 있습니다.

안으로 들어가기 전에 잠깐 위를 쳐다보니, 지붕 앞쪽의 처마 모양이 삼각형으로 꺾어졌는데 그 안에 거친 질감의 둥근 창이 둥지를 틀고 있습니다. 자세히 보니 절구통을 박아놓은 창입니다. 주민이 쓰던 돌 절구통이 바람과 시간이 흐르는 창문으로 다시 태어난 것입니다. 문을 열고 안으로 들어가면 전통적인 나룻배 형상을 한 실내 구조가 특별한 느낌을 줍니다. 맞은편 벽면에는 짙은 푸른빛의 유

주민이 쓰던 절구통을 박아 만든 창 ⓒ 신안군

유리블록 14개를 늘어뜨린 반투명의 십자가 창
ⓒ 김병희

리블록 십자가가 있습니다. 사각형의 프레임 속에 두꺼운 유리블록 14개를 세로로 길게 늘어뜨려 만든 반투명의 십자가 창입니다. 하지만 유리블록을 적벽돌 사이에 넣고 시멘트로 마감했으니 창을 열수는 없습니다. 맨 위에서 두 번째 칸에 유리블록 2개를 가로로 배치한 결과, 절박한 느낌의 십자가가 되었습니다. 벽 공간이 충분하니 위에서 네 번째 칸에 유리블록 4개를 가로로 배치했더라면 안온한 느낌의 십자가가 되었을 텐데, 작가들은 달리 생각한 듯합니다.

작가들은 절박한 느낌의 십자가 앞에서 행복을 기원하는 사람들의 간절한 마음을 담아내려고 한 것 같습니다. 방문객들은 14번째 유리블록 아래쪽에 놓인 기도대를 발견하는 순간 자기도 모르게 무릎을 꿇고 두 손 모아 기도할 것입니다. 그리스도교 신자가 아니더

창을 열 수 없도록 고정시킨 유리블록 창 ⓒ 신안군

05 필립보 사도와 행복의 집

라도 누구나 이곳에서 행복을 기원할 수 있습니다. '행복의 집'에 머무르는 동안, 모든 분이 종교를 초월해 필립보 사도가 알려 준 행복하게 살라는 말씀을 떠올리며 인생에서 진정한 행복이란 무엇인지 생각해 보는 시간을 가지면 좋겠습니다.

필립보 사도의 생애와 교훈

필립보(빌립, Philippus, Philip)는 갈릴리의 벳새다 출신으로 예수님을 따르기 시작한 초기 사도입니다. 그는 친구인 바르톨로메오를 예수님에게 데려와 소개했습니다. 성경에서 필립보의 성격에 대한 몇 가지 단서를 찾을 수 있습니다. 『요한복음』에서 그는 실질적이고 구체적인 사람으로 묘사됩니다. 예를 들어, 예수님이 다섯 개의 떡과 두 마리의 물고기로 5천 명의 군중을 먹였다는 오병이어(五餅二魚)의 기적 장면에서도, 그는 불가능한 일이라며 반론을 제기합니다(요한 6, 5-7). 그는 또한 꼼꼼하고 신중했던 것 같습니다. 그리스인들이 예수님을 만나고 싶다고 요청했을 때, 필립보는 그들을 직접 예수님께 데려가지 않고 먼저 안드레아와 상의합니다(요한 12, 20-22).

마리아 발또르따가 환시를 받아 쓴 『하느님이시요 사람이신 그리스도의 시』제2권에서는 필립보 사도가 약간 나이가 들었는데도 얼굴을 붉히며 수줍음을 잘 타는 사람으로 묘사했습니다. 그리고 안드레아가 자신에게 예수님에 대해 알려 줬다고 고백했습니다. 예수

필립보 사도(1611, 루벤스), 107×82.5cm 유화,
스페인 프라도미술관 소장

님과 필립보 사도가 처음 만난 순간을 재현해 보겠습니다.[1]

약간 나이 든 남자가 호기심을 가지고 가까이 왔다. 예수께
서는 당신의 옷을 잡아당기는 어린 아이를 쓰다듬어 주려고
돌아서시다가 그를 보셨다. 예수께서는 그를 똑바로 바라보

---

1   마리아 발또르따 저, 안응렬 역(1989). 『하느님이시요 사람이신 그리스도의 시』 제
    2권. 서울: 가톨릭 크리스챤. p. 64.

신다. 그 사람은 얼굴을 붉히며 인사한다. 그러나 아무 말도
하지 않는다.

"이리 오너라! 나를 따라라!"

"예, 선생님."

예수께서는 어린이들에게 축복하시고 필립보(예수께서는 그
의 이름을 부르신다)와 나란히 걸어서 집으로 돌아오신다. 그들
은 작은 정원에 앉는다.

"내 제자가 되기를 원하느냐?"

"원합니다……. 그러면서도 그렇게 되기를 감히 바라지 못
합니다."

"내가 너를 부른 것이다."

"그러면 저는 선생님의 제자입니다. 여기 이렇게."

"내가 누구인지 알았느냐?"

"안드레아가 선생님 말씀을 제게 해 주었습니다. 안드레아
는 '자네가 갈망하던 분이 오셨네' 하고 말했습니다. 그 사람
은 제가 메시아를 갈망한다는 것을 알고 있었으니까요."

"네 기다림이 헛되지 않았다. 내가 네 앞에 있으니까."

"제 선생님이시고 제 하느님이십니다!"

"너는 옳은 의향을 가진 이스라엘 사람이다. 그렇기 때문에
내가 네게 나타나서 보여 주는 것이나. 네 친구인 또 한 사람
도 기다리고 있는데, 그 사람도 진실한 이스라엘 사람이다.

가서 그에게 말하여라. '우리는 다윗 가문의 요셉의 아들 나자렛의 예수를 만났네. 모세와 예언자들이 말한 그분을 말이야' 하고. 가라!"

예수께서는 필립보가 나타나엘(하나님의 선물) 바르톨로메오와 같이 올 때까지 혼자 계신다.

필립보 사도는 복음 전파에 중요한 역할을 했습니다. 신중하면서도 결단력 있는 제자였던 그는 예수님의 가르침을 전하는 데 열성적이었습니다. 성경에서 가장 중요한 이야기의 하나는 필립보가 친구 바르톨로메오를 예수님에게 데려간 일입니다(요한 1, 43-46). 이 행동에서 개인적인 관계를 통한 복음의 전파가 얼마나 중요한지 알 수 있습니다. 그의 역할은 그리스도의 복음이 사람에서 사람으로, 공동체에서 공동체로, 어떻게 전파되었는지 이해하는 데 중요한 기준이 됩니다.

성경에 필립보 사도의 죽음에 대한 기록은 없지만, 초기 교회의 전승과 역사적 기록에 따르면 그는 그리스에서 선교 활동을 하다 1세기 후반에 히에라폴리스(Hierapolis)에서 순교했습니다. 그의 무덤은 현재 튀르키예(터키)의 파묵칼레에 있다고 합니다. 일부 역사가와 교부들은 그가 십자가에 매달려 순교했다고 주장합니다. 이런 주장 때문인지 그의 아이콘에는 십자가에 매달린 순간이 그려져 있습니다. 그의 순교를 통해 우리는 견고한 믿음과 복음 전파를 위한 자기희생을 배울 수 있습니다. 필립보 사도는 염색업자의 수호성인입니다. 그의 상징물은 T자형의 타우 십자가[2]와 용이며, 축일은 5월 3일입니다.

복음 말씀에 나타난 행복한 삶

필립보란 그리스어로 '말 사랑'을 뜻합니다. 『요한복음』 6장을 보면 예수님이 5천 명을 먹이려 할 때, 필립보가 예수님께 "저마다 조금씩이라도 받아 먹게 하자면 이백 데나리온어치 빵으로도 충분하지 않겠습니다."(요한 6, 7)라고 보고하는 장면이 나옵니다. 그는 5천 명을 먹이기가 얼마나 어려운지 곧바로 알았습니다. 예수님께서는 그에게 "저 사람들이 먹을 빵을 우리가 어디에서 살 수 있겠느냐?" 하고 물으신 것은 그를 시험해 보려고 하신 말씀이었는데"(요한 6, 5-6), 그는 음식이 매우 부족할 것이라고 대답했습니다. 그럼에도 그는 예수님의 능력을 믿었고 예수님의 가르침을 따랐습니다.

필립보가 예수님께, "주님, 저희가 아버지를 뵙게 해 주십시

---

2 십자가의 일종인 타우(Tau)는 신학적으로 중요한 의미가 있다. 타우(T)는 그리스어 알파벳의 아홉 번째 글자이자 히브리어의 스물두 번째인 마지막 글자이다. 타우는 성경에서 '하느님의 것'이란 표지이자 '구원의 표'로 인식됐다. 성 프란치스코는 이민 글사보다도 타우(T)자를 좋아했고, 편지에 타우 서명을 했으며, 방마다 벽에 타우자를 붙였다고 한다. 그래서 타우는 성 프란치스코의 문장을 상징한다.

오. 저희에게는 그것으로 충분하겠습니다." 하자, 예수님께서 그에게 말씀하셨다. "필립보야, 내가 이토록 오랫동안 너희와 함께 지냈는데도, 너는 나를 모른다는 말이냐? 나를 본 사람은 곧 아버지를 뵌 것이다. 그런데 너는 어찌하여 '저희가 아버지를 뵙게 해 주십시오.' 하느냐? 내가 아버지 안에 있고 아버지께서 내 안에 계시다는 것을 너는 믿지 않느냐? 내가 너희에게 하는 말은 나 스스로 하는 말이 아니다. 내 안에 머무르시는 아버지께서 당신의 일을 하시는 것이다. (요한 14, 8-10)

이 말씀에서 필립보 사도가 예수님을 통해 하느님을 느끼려고 하는 열망을 엿볼 수 있습니다. 그는 예수님이 하느님 안에 있고 하느님은 예수님 안에 계시다는 가르침을 믿으며 행복을 찾았을 것입니다. 따라서 우리도 예수님의 말씀을 따르면 더 행복한 인생을 설계할 수 있습니다. 우리는 하루하루를 그냥 살기보다 신앙생활을 하면서 삶의 의미와 목적을 찾으면서 살아갈 때 더 행복한 삶을 살아갈 것입니다. 예수님께서 산에 오르시어 필립보를 비롯한 제자들에게 가르치신 행복에 관한 말씀은 감동적입니다.

"행복하여라, 마음이 가난한 사람들!
하늘나라가 그들의 것이다.
행복하여라, 슬퍼하는 사람들!

그들은 위로를 받을 것이다.

행복하여라, 온유한 사람들!
그들은 땅을 차지할 것이다.

행복하여라, 의로움에 주리고 목마른 사람들!
그들은 흡족해질 것이다.

행복하여라, 자비로운 사람들!
그들은 자비를 입을 것이다.

행복하여라, 마음이 깨끗한 사람들!
그들은 하느님을 볼 것이다.

행복하여라, 평화를 이루는 사람들!
그들은 하느님의 자녀라 불릴 것이다.

행복하여라, 의로움 때문에 박해를 받는 사람들!
하늘나라가 그들의 것이다.

사람들이 나 때문에 너희를 모욕하고 박해하며, 너희를 거슬러 거짓으로 온갖 사악한 말을 하면, 너희는 행복하다! 기뻐하고 즐거워하여라. 너희가 하늘에서 받을 상이 크다. 사실 너희에 앞서 예언자들도 그렇게 박해를 받았다." (마태오 5, 3-12)

이 복음 말씀에서는 마음이 가난하고, 슬퍼하고, 온유하고, 의로움에 주리고 목마르고, 자비롭고, 마음이 깨끗하고, 평화를 이루고, 의로움 때문에 박해를 받는 사람들에게 행복하라고 가르칩니다. 모욕당하고 박해를 당하더라도 항상 행복을 준비하라는 취지에서, 예수님께서는 행복하게 살아가자는 권유형이 아닌 '행복하여라'라는 명령형으로 말씀하신 듯합니다. 행복은 스스로 선택할 수 있으니 기회 있을 때마다 행복을 연습하라는 말씀 같습니다.

우리 주변에는 자신이 불행하다고 느끼는 분들이 생각보다 많은데, 행복도 선택할 수 있다고 합니다. 미국 캘리포니아주립대학교 리버사이드 캠퍼스의 긍정심리학 교수인 소냐 류보머스키(Sonja Lyubomirsky)는 저마다의 행복을 선택할 수 있다고 주장했습니다. 행복에 대한 18년 동안의 연구 성과를 바탕으로 지난 2002년에 템블턴 긍정심리학상을 수상한 류보머스키는 『행복의 방법(The How of Happiness)』(2007)에서 행복도 연습이 필요하다고 강조했습니다.[3]

3   Sonja Lyubomirsky (2007). *The How of Happiness: A New Approach to Getting the Life You Want.* Penguin Books.

이 책에서는 행복의 결정 요인이 유전적 요인 50퍼센트, 의도적 활동 요인 40퍼센트, 환경적 요인 10퍼센트의 비중을 갖는다는 '행복 설정값 파이'를 제시했습니다. 가난한 사람이 돈을 모아 부자가 되면 잠시 행복감을 느끼겠지만 그런 환경적 요인은 행복 요인 100 중에서 최대 10퍼센트까지만 영향을 미치는데, 인간이란 쾌락에 쉽게 적응하므로 성취하고 나면 행복지수가 이내 원상태로 되돌아가기 때문에 그렇다는 것입니다. 따라서 소냐 류보머스키의 주장처럼 40퍼센트나 차지하는 의도적 활동 요인을 어떻게 연습하고 선택하느냐에 따라 행복의 정도가 얼마든지 달라질 수 있겠습니다. 우리도 저마다의 행복을 적극적으로 선택해야 합니다.

또한, 우리는 행복을 재물이나 성공에서만 찾지 말고, 마음이 가난하고 온유하고 자비로운 믿음에서 찾아야 합니다. 그렇게 해야 우리는 진정으로 행복해집니다. 복음 말씀에서 행복은 물질적인 성공이나 명예에서 오지 않고 정신적 충만감에서 온다는 교훈을 얻을 수 있습니다. 신앙의 진리를 받아들였을 때 남에 의해 좌우되지 않는 자기만의 행복을 얻게 됩니다. 필립보 사도가 에티오피아 관리에게 성경의 진리를 가르칠 때도 행복과 진리의 관계를 설명했습니다(사도행전 8, 32-40). 우리는 행복을 물질적인 데서만 찾지 말고 신앙 속에서도 찾아야 합니다. '행복의 집'은 우리에게 행복의 진정한 의미가 무엇인지 되돌아보게 합니다. 그곳에 머무르며 복음 말씀에 나타난 행복한 삶의 의미를 반추해 보며 행복을 찾아보시기 바랍니다.

06 바르톨로메오 사도와 감사의 집

호수에 꽃처럼 떠있는 '감사의 집' 원경 ⓒ 신안군

그곳에 가면 감사함을 채워 오세요

소기점도에 가면 큰 호수가 나오는데 물 위에 커다란 꽃처럼 떠있는 6번 '감사의 집'이 나옵니다. 위치는 전라남도 신안군 증도면 병풍리 소기점도의 호수 위입니다. 멀리서 보면 호수 위에 떠있는 스테인드글라스 조형물이 노를 저으며 천천히 나아가는 듯합니다. 장미셸 후비오, 얄룩, 파코, 브루노라는 네 명의 작가가 바르톨로메오 사도의 생애를 생각하며 지은 이 집은 파도치는 물결을 닮았습니다. 작가들은 소악도 호수와 주변에 서식하는 새, 파도, 연꽃 모양에서 영감을 얻어 이 집을 만들었다고 합니다. 이 집은 호수에 떠있기 때문에 쉽게 접근하기 어렵고 나룻배를 타고 들어가야 합니다.

낮에 빛을 모아 밤에 빛을 뿌리는 태양광 패널 © 김병희

12곳의 기도 공간 중에서 가장 들어가기 어려운 곳입니다.

  찾아온 방문객이 누워서 하늘을 바라볼 수 있도록 실내 바닥에 물결 모양의 마루가 깔려 있지만 건너갈 다리는 없습니다. '감사의 집'에 들어갈 기회를 얻었다면 그 자체만으로도 감사해야 합니다. 감사해야 할 일이 또 있습니다. 보는 위치나 햇살의 강도에 따라 시시각각 색깔이 달라지는 스테인드글라스의 묘기 대행진에도 감사해야 합니다. 스테인리스 철골 구조물과 투명 홀로그램 필름이 감긴 유리가 만나 화사한 빛을 발산합니다. 햇살은 섬섬옥수(纖纖玉手)의 솜씨로 스텐 구조물을 수틀 삼아 유리에 형형색색의 수를 놓고 있는 듯합니다. 봄에는 신록이, 여름에는 녹음이, 가을에는 단풍이, 겨울에는 갈대가 스테인드글라스에 비치며 철마다 옷을 갈아입고 있습

철마다 옷을 갈아입는 스테인드글라스 창 ⓒ 신안군

06 바르톨로메오 사도와 감사의 집

니다.

통유리로 빛을 흡수하는 우아한 집이 찰랑찰랑한 호수 위에 떠있으니 멀리서 보면 한 송이 꽃이 막 물에서 피어오르는 모양입니다. 색유리와 스틸의 앙상블로 빛과 물빛이 어우러져 만드는 물에 비치는 모습이 압권입니다. 이 집에는 태양광 패널이 설치돼 있기 때문에 낮에 빛을 모아 밤에 빛을 뿌립니다. 밤이 되면 호수에 조명이 은은하게 반사되니 봄날에는 벚꽃이 흩날리고 있다는 착각에 빠질 수도 있습니다. 낮이나 밤이나 자연이 선물하는 아름다운 빛과 색채에 감사할 수밖에 없습니다. 호수를 가운데 두고 이쪽저쪽에서 볼 때마다 전혀 다른 느낌을 주니, 호숫가를 걸으며 '감사의 집'을 바라보는 재미가 제법 쏠쏠합니다.

보는 각도에 따라 다른 느낌을 주는 '감사의 집' 풍경 ⓒ 신안군

그곳에 가면 감사함을 채워 오세요

집의 중앙에 투박한 탁자가,놓여 있습니다. 움직일 수 없도록 아예 처음부터 바닥에 고정시켜 놨습니다. 원목을 통째로 깎아 만든 농구공보다 커 보이는 구형(球形) 예술품이 기도대에 놓여 있는데, 기도 공간의 특별한 소품 같습니다. 아니, 소품이 아니라 주인일 수 있겠습니다. 통유리가 햇빛을 흡수하는 가운데 구형 예술품이 고요히 자리 잡고 있으니 찬란한 우아함 또는 화려한 고요함이 호수 위로 퍼져갈 것만 같습니다. 방문객은 호수에 떠 있는 플로팅 기도 공간의 기도대 앞에 앉아, 구형 예술품을 바라보며 마치 구(球)처럼 둥글게 살아가게 해 달라며 하느님께 감사의 기도를 드릴 수도 있겠습니다.

마지막으로 강조하고 싶은 점은 배를 타고 건너가야 기도할 수 있

농구공보다 커 보이는 실내의 구형(球形) 예술품 ⓒ 신안군

　　　　　　　　　06 바르톨로메오 사도와 감사의 집

도록 집을 설계했다는 사실입니다. 기도할 때도 마음의 준비가 필요하지 않겠습니까? 그런데 다리를 설치해 쉽게 접근할 수 있도록 하자는 의견도 있다고 합니다. 모두가 각자의 기대치가 있겠습니다만, 다리를 설치하려고 애쓰지 말고 지금처럼 그냥 그대로 놔두는 것도 좋겠습니다. 바르톨로메오 사도는 살가죽이 벗겨지는 고문을 당해 순교했습니다. 하물며 다리가 없어 잠시 겪는 불편함이 뭐 그리 대수로운 일이겠습니까? 종교를 초월해 '감사의 집'을 찾는 분들이 불편함에도 감사하는 마음을 가져보면 좋겠습니다.

바르톨로메오 사도의 생애와 교훈

바르톨로메오(바돌로매/나타나엘, Bartholomaeus, Bartholomew of Nathanael) 사도는 성경에 자주 언급되지는 않지만 순전한 마음을 지닌 제자였습니다. 그의 이름은 바르톨로마이의 아들이란 뜻의 '바르톨로마이오스'에서 유래했습니다. 하느님의 선물이란 뜻을 지닌 '나타나엘(Nathanael)'이 바르톨로메오의 본명입니다. 그는 예수님의 부름을 받아 제자가 되었습니다. 진실과 정의에 대한 그의 헌신은 교회에서 중요한 가치로 자리 잡았습니다. 그는 성경에 자주 나오는 '나타나엘'과 동일인으로 여겨집니다.

바르톨로메오 사도(1611, 루벤스), 107×82.5cm 유화,
스페인 프라도미술관 소장

성경에서는 그에 대해 상세히 설명하지 않지만 필립보 사도가 그를 예수님께 소개했다는 사실만은 『요한복음』에서 확인할 수 있습니다(요한 1, 45-51). 바르톨로메오가 예수님을 처음 만났을 때, 그는 예수님을 존경한다는 필립보의 말에 회의적이었습니다. 그러나 예수님의 말씀을 듣고 나서부터 그는 예수님을 이스라엘의 왕이라고 인정했습니다. 이 이야기는 바르톨로메오가 신중한 사람이었고 진리를 찾으려고 노력했던 사람이라는 사실을 말해 줍니다.

성경에서 바르톨로메오 사도의 순교에 관한 내용은 찾기 어렵습니다. 초기 교회의 전승에 의하면 그는 아르메니아에서 복음을 전하다가 그 지역 왕의 동생을 개종시켰다는 이유로 1세기 후반에 참수됐다고 전해집니다. 그의 순교와 관련해서는 여러 설이 전해지고 있습니다. 몸이 절반으로 잘린 채 참수됐다는 설도 있고, 십자가에 거꾸로 매달려 창에 찔려 죽었다는 설도 있고, 마치 나무껍질 벗기듯 산 채로 살가죽을 벗겨 가며 순교했다는 설도 있습니다. 가장 널리 알려진 설은 그의 살가죽을 칼로 벗긴 다음 목을 잘라 참수했다는 전승입니다.

미켈란젤로는 바르톨로메오 사도의 벗겨진 살가죽을 그림으로 남겼습니다. 바티칸의 시스티나 성당에 들어서면 전면에 미켈란젤로의 〈최후의 심판(Il Giudizio Universale)〉(1536~1541)이 그려져 있는데, 높이 13.7미터의 대형 그림에 400여 명의 인물들이 등장합니다. 관람객은 살가죽을 들고 있는 바르톨로메오 사도에 주목할 수밖에 없습니다. 미켈란젤로는 바르톨로메오 사도를 예수님의 바로 앞쪽에 배치해 그를 중요한 인물로 고려했습니다. 관람객이 그림을 보며 그에게 더 주목할 수밖에 없는 이유는 그가 들고 있는 살가죽의 얼굴 부분이 미켈란젤로의 자화상이기 때문입니다. 바르톨로메오 사도가 들고 있는 살가죽에 자기 얼굴을 그려 넣은 미켈란젤로의 의도가 궁금해집니다.

그의 상징물이 3개의 은색 단도와 벗겨진 살가죽인 데에는 중요한 이유가 있습니다. 선교 활동을 하다 아르메니아 왕에게 처형당했다

〈최후의 심판〉 부분(1536~1541, 미켈란젤로), 13.7m×12m 프레스코 벽화,
바티칸 시스티나 성당 소장

는 전승에 따라, 그는 현재 아르메니아의 수호성인이기도 합니다.
그의 유해는 여러 경로를 거쳐 이탈리아 로마로 들어왔습니다. 10세
기 말에 로마 시내를 지나는 테베레강의 이졸라 티베리나섬에 있는
성 바르톨로메오 성당에 그의 유해를 모셨다고 전해지고 있습니다.
그의 두개골의 일부가 독일 프랑크푸르트 대성당에 안치돼 있다고
합니다. 바르톨로메오 사도는 정육점과 양복점의 수호성인입니다.
그의 상징물은 칼과 인피(人皮)이며, 축일은 8월 24일입니다.

복음 말씀에 나타난 감사의 뜻

성경을 읽어 봐도 바르톨로메오 사도의 성격을 직접 묘사한 대목이 많지는 않습니다. 예수님은 그를 거짓 없는 '참으로 이스라엘 사람'이라고 말씀하셨습니다. 그가 진실하고 솔직한 사람이었음을 암시하는 대목입니다. 매사에 항상 감사할 줄 아는 그의 진실한 태도와 행동은 『요한복음』에서 엿볼 수 있습니다.

예수님께서는 나타나엘이 당신 쪽으로 오는 것을 보시고 그에 대하여 말씀하셨다. "보라, 저 사람이야말로 참으로 이스라엘 사람이다. 저 사람은 거짓이 없다." 나타나엘이 예수님께 "저를 어떻게 아십니까?" 하고 물으니, 예수님께서 그에게 "필립보가 너를 부르기 전에, 네가 무화과나무 아래에 있는 것을 내가 보았다." 하고 대답하셨다. 그러자 나타나엘이 예수님께 말하였다. "스승님, 스승님은 하느님의 아드님이십니다. 이스라엘의 임금님이십니다." 예수님께서 나타나엘에게 이르셨다. "네가 무화과나무 아래에 있는 것을 보았다고 해서 나를 믿느냐? 앞으로 그보다 더 큰 일을 보게 될 것이다." 이어서 그에게 또 말씀하셨다. "내가 진실로 진실로 너희에게 말한다. 너희는 하늘이 열리고 하느님의 천사들이 사람의 아들 위에서 오르내리는 것을 보게 될 것이다." (요한 1, 47-51)

이 복음에서 바르톨로메오 사도는 예수님을 이스라엘의 왕이라 부르며, 예수님의 거룩한 권위를 인정합니다. 이는 예수님의 권위를 받아들이며 자신을 제자로 불러 주신 예수님에 대한 감사의 표현입니다. 감사하는 마음은 현대인들에게도 중요한 교훈을 줍니다. 그는 예수님의 거룩한 권위를 찬미했습니다. 우리가 어떤 축복을 받을 때마다 축복을 내려 주신 예수님께 감사의 기도를 올려야 한다는 사실을 깨닫게 합니다. 우리는 주어진 일상에 감사해야 하며 특히 은총을 내려 주신 하느님과 예수님께 감사해야 합니다.

> 예수님께서는 군중에게 땅에 앉으라고 분부하셨다. 그리고 빵 일곱 개를 손에 들고 감사를 드리신 다음, 떼어서 제자들에게 주시며 나누어 주라고 하시니, 그들이 군중에게 나누어 주었다. (마르코 8, 6)

> 추잡한 말이나 어리석은 말이나 상스러운 농담처럼 온당치 못한 것들도 마찬가지입니다. 여러분은 감사의 말만 해야 합니다. (에페소 신자들에게 보낸 서간 5, 4)

이 복음에서는 모든 상황에서 하느님께 감사하는 마음을 가져야 하며, 이런 태도는 우리의 삶을 더욱 가치 있게 만들어 준다는 사실을 깨닫게 합니다. 밥을 먹을 때도 항상 감사하는 마음으로 식사를 해야 하며, 추잡한 말이나 어리석은 말이나 상스러운 농담에는 입을 닫고 감사의 말만 해야 할 것 같습니다. 감사하는 마음은 우리 마음 속에 있는 섭섭한 감정을 몰아내고 우리의 마음을 평화롭게 하며, 우리의 생각과 말과 행동을 보다 긍정적인 방향으로 나아가게 할 것입니다.

성당이나 교회에서 감사 기도는 미사나 예배의 정점입니다. 감사 기도의 명칭은 예수님께서 다락방에서 제자들과 만찬을 하면서 빵과 포도주 잔을 들고 하느님께 바치신 찬양 기도에 그 기원이 있습니다. 유대인들의 종교적 풍습에서 빵과 포도주 잔을 들고 축복 기도를 바치던 것을 초기 그리스도교의 공동체에서는 에우카리스티아(eucharistia)라는 찬양 기도로 바꿔 사용하며 오늘날의 형식을 갖추게 됐다고 합니다. 그래서 식사 전후에 감사 기도를 드리는 것은 그리스도인에게 매우 중요하다는 사실을 새삼 느끼게 됩니다.

먹을 음식을 앞에 두고 남들 보는 데서 식사 전에 기도하기가 조금 쑥스러운 분들도 계실 것입니다. 저 역시 그랬었습니다. 평소에 나를 모른 체 하면 마지막 날에 나도 너를 모른 체 하겠다는 복음 말씀을 읽고 정신이 번쩍 들었습니다. 그 다음부터는 '식사 전 기도'와 '식사 후 기도'를 했습니다. 처음에는 쑥스러웠지만 가랑비에 옷 젖는다고 차츰 습관화되니 아무렇지도 않았습니다.

다들 알고 계시는 '식사 전 기도'는 이렇습니다. "✝주님, 은혜로이 내려 주신 이 음식과 저희에게 강복하소서. 우리 주 그리스도를 통하여 비나이다." 그리고 '식사 후 기도'는 이렇습니다. "+전능하신 하느님, 저희에게 베풀어 주신 모든 은혜에 감사하나이다. 주님의 이름은 찬미를 받으소서. 이제와 영원히 받으소서. 세상을 떠난 모든 이가 하느님의 자비로 평화의 안식을 얻게 하소서." 밥을 먹을 때마다 모든 분이 감사의 기도를 올리면 좋겠습니다.

인생에 대한 숱한 정의가 많지만 우리는 인생이 무엇인지 모른 채 살아가고 있습니다. 각자의 경험과 울림에 따라 인생을 이야기할 뿐입니다. 그런데도 감사하는 마음만 있다면 인생은 살아볼 만한 가치가 있다고 할 수 있습니다. JTBC에서 방영한 〈눈이 부시게〉(2019)의 최종회에서 주인공 혜자는 차분한 목소리로 다음 대사를 낭독하며 대단원의 막을 내렸습니다. 가슴이 울컥했던 그 순간을 떠올리며, 주어진 오늘을 감사하는 마음으로 살아가자는 마지막 내레이션을 여기에 옮겨 봅니다.

"내 삶은 때론 불행했고, 때론 행복했습니다. 삶이 한낱 꿈에 불과하다지만 그럼에도 살아서 좋았습니다.

새벽에 쨍한 차가운 공기. 꽃이 피기 전 부는 달콤한 바람. 해질 무렵 우러나는 노을의 냄새. 어느 하루 눈부시지 않은 날이 없었습니다. 지금 삶이 힘든 당신, 이 세상에 태어난 이상 당신이 이 모든 걸 매일 누릴 자격이 있습니다.

대단하지 않은 하루가 지나고, 또 별거 아닌 하루가 온다

해도 인생은 살 가치가 있습니다. 후회만 가득한 과거와 불안하기만 한 미래 때문에 지금을 망치지 마세요. 오늘을 살아가세요. 눈이 부시게…….

당신은 그럴 자격이 있습니다. 누군가의 엄마였고 누이였고 딸이었고, 그리고 나였을 그대들에게."

탤런트 김혜자 씨는 드라마의 마지막 장면에서 자신의 삶이 때로는 불행했고 때로는 행복했지만 어쨌든 살아온 날들에 감사한다고 고백했습니다. 사소한 일상이 계속되더라도 한번 태어난 인생은 살아볼 가치가 있다는 뜻이었습니다. 노배우는 후회스런 과거와 불안한 미래 때문에 지금을 망치지 말고 하루하루 감사하는 마음으로 살아가라고 권유하며, 우리 모두가 눈이 부시게 살아갈 자격이 충분하다고 강조한 것입니다. 고즈넉한 목소리로 들려준 마지막 대사는 시청자의 가슴을 먹먹하게 만들며 깊은 울림을 남겼습니다.

바르톨로메오 사도의 생애를 보면 감사하는 마음의 중요성을 환기하기에 충분합니다. 그는 살갗이 벗겨지고 목이 잘려 순교하면서도 감사의 기도를 올렸다고 합니다. 순교 장면을 상상하며 감사하는 마음이 신앙과 어떻게 연결되는지도 묵상해 보시기 바랍니다. 그가 예수님에 대해 감사하고 찬양한 것처럼, 우리도 우리 삶에서 일어나는 일들, 심지어 어려운 상황에서도 하느님의 사랑과 돌봄을 느끼며 그에 감사해야 합니다.

모든 기도는 감사의 기도여야 합니다. 인간은 기원하고 기도할 뿐 이루시는 분은 하느님이기 때문입니다. 범사에 감사하라는 말도 인간은 나약한 존재이니 모든 것을 하느님께 의탁하고 기도하며 기다리라는 뜻이 아닐까요? '감사의 집'에 머무르는 동안 모두가 감사라는 두 글자를 가슴에 새겨야 합니다. 우리는 많은 것을 당연시하며 중요한 가치를 놓쳐 버리는 경우가 많지만, 바르톨로메오 사도의 일화는 우리가 날마다 누리는 풍요로움에 대해 깊이 숙고하게 합니다. 우리가 하루하루의 좋은 일에 감사함은 물론 고통마저도 감사할 수 있는 경지에 이른다면 얼마나 좋을까요? 쉽지는 않겠지만 저도 더 노력해 보려 합니다.

감사하는 마음은 우리 자신은 물론 주변 사람도 기쁘게 할 것입니다. 감사하는 마음은 또한 상대방의 기분을 좋게 하고, 각자의 삶을 더욱 소중히 가꾸는 데도 도움이 될 것입니다. 나아가 우리 인생을 긍정적으로 바꾸며 사람 사이의 관계를 강화하는 데도 도움이 될 것입니다. 따라서 '감사의 집'을 찾는 분들께서는 고통스러웠던 기억을 한 가지씩 떠올리며 복음 말씀에 나타난 감사의 뜻을 생각해 보면, 고통에서도 많이 배웠다며 감사하는 마음을 가지게 될 것입니다. 감사하는 마음이 들지 않는다면 문밖으로 나오지 마십시오. 이것이 바로 '감사의 집'에서 우리가 배워야 할 교훈입니다.

06 바르톨로메오 사도와 감사의 집

07 토마스 사도와 인연의 집

직선과 곡선의 만남이 인상적인 '인연의 집' 전경 ⓒ 신안군

그곳에 가서 인연을 키워 오세요

　호수 위에 떠 있는 '감사의 집'(바르톨로메오)을 거쳐 언덕에 남겨진 '작가들의 작업실'을 지나면 방파제 갈림길에 이정표가 있습니다. '토마스의 집 200m'라는 이정표를 따라 오른쪽 길로 가다 보면 7번 '인연의 집'이 나옵니다. 주소는 전라남도 신안군 증도면 병풍리 소기점도입니다. 김강 작가는 토마스 사도를 기념하기 위해 벽돌을 하나하나 직접 쌓아 올리고 섬에서 채취한 석회로 마감해 하얀색 건축 예술품을 완성했다고 합니다. 야트막한 언덕에 단아하게 자리 잡은 이 집은 산을 배경 삼아 바다 쪽을 향해 서 있으니, 집이 바다를 바라보며 '물멍'하고 있는 듯합니다.

앞에 펼쳐진 바다와 어울리는 단아한 뒤태 ⓒ 신안군

오병이어(五餠二魚)의 기적을 표현한 회벽 © 신안군

    집 앞에 서서 높게 쌓아 올린 정면 벽 위쪽 모서리의 부드러운 곡선을 보고 있노라면 마치 사람 머리칼이 하늘하늘 흩날리는 것 같습니다. 출입문이 코라면 앞면의 창 두 개는 눈입니다. 지붕 선은 직선과 곡선이 이어지다 양쪽 끝으로 떨어지고, 지붕 면과 입구 면은 서로 대비되며 조화로운 구도를 완성합니다. 지붕 선을 칠한 코발트 블루 색깔은 신비로운 빛을 내뿜고 있는데, 모로코에서 가져온 물감으로 칠했다고 합니다. 파란색 출입문과 창틀은 단정해 보입니다. 뒤쪽 벽에는 자연광을 실내로 끌어들이는 십자가 모양의 창이 설치돼 고즈넉하다는 느낌이 듭니다. 뒤쪽에서 집 전체를 바라보면 단아한 반전 뒤태가 앞에 펼쳐진 바다와 어울리며 시선을 사로잡습니다.

　왼쪽 회벽에는 오병이어(五餠二魚)의 기적을 표현한 부조가 있습니다. 떡 다섯 개와 물고기 두 마리로 군중 5천 명을 먹였다는 예수님의 기적인데, 사진에서 알 수 있듯이 집을 완공할 당시에는 떡과 물고기의 형체 부분에 코발트블루 색깔을 칠했습니다. 하지만 처음 사진에 나타나듯 지금은 떡과 물고기 부조까지 하얗게 칠해 떡과 물고기를 굵은 선 흔적으로 알 수 있게 했습니다. 봄철에 '인연의 집'에 가신다면 집 주변에 유채꽃이 지천으로 피어있을 테니 특별한 인연을 만날 수도 있겠습니다.

　문을 열고 안으로 들어서면 맞은편 천정 바로 밑에 벽돌 공사를 하면서 자연스럽게 만든 십자가 창이 있습니다. 사람은 십자가를

바람이 사시사철 관통하는 십자가 창 ⓒ 김병희

눈으로 바라볼 수밖에 없지만, 바람은 사시사철 내내 십자가 속으로까지 관통할 수 있으니, 바람이 사람보다 하느님께 더 가까이 다가갈 수 있겠다 싶었습니다. 양쪽 벽에도 사각형의 통풍창이 여러 개 뚫려 있는데 크기가 각각 달라 제법 멋스럽게 느껴집니다.

바닥을 보니 하늘에서 별이 쏟아졌나 싶을 정도로 매끌매끌한 조약돌이 바닥 여기저기에 박혀 있습니다. 시멘트 콘크리트를 바닥에 타설할 때 유리구슬 같은 조약돌을 박아 공사를 마쳤겠지만, 바닥이 은하계나 별자리처럼 느껴지며 감동의 물결을 일으키니 바닥을 예술 작품이라 평가해도 무리가 없습니다. 바닥과 정면 벽의 중간에 설치된 기도대는 배불뚝이처럼 앞으로 툭 튀어나와 있습니다. 둘러앉아 기도하기 좋은 구조입니다. 기도대의 이마인 위쪽 모서리와

기도대에 소담하게 놓인 초와 성경 ⓒ 신안군

07 토마스 사도와 인연의 집

기도대의 상판에도 코발트블루로 단장하니 강렬하다는 느낌이 듭니다. 기도대에 소담하게 놓인 초와 성경도 방문객의 마음을 경건하게 만드는 적절한 소품입니다. 그 앞에 서면 촛불을 켜고 싶어질 것입니다.

이 모든 것이 인연의 끈을 놓지 말라고 속삭이는 듯합니다. 토마스 사도의 이름 앞에는 '쌍둥이'라는 별명이 어김없이 따라붙지만, 성경을 아무리 뒤져 봐도 그의 쌍둥이는 등장하지 않습니다. '인연의 집'에 머무르는 동안, 한분 한분이 잠깐 동안만이라도 토마스 사도의 쌍둥이가 되어 보면 어떨까요? 우리는 서로의 의심을 넘어 선한 인연을 맺으며 살아가야 하는 존재들이니까, 종교를 초월해 이렇게 권하고 싶습니다.

토마스 사도의 생애와 교훈

토마스(도마, Thomas, Thomas) 사도는 솔직한 성격으로 의심 많은 제자였습니다. 예수님이 부활하셨다는 말을 처음에는 믿지 않다가 예수님의 구멍 난 옆구리에 손가락을 넣어 보고 확인한 다음에야 믿겠다고 말해 '불신의 토마스'로 알려져 있습니다. 그는 예수님의 부활에 대해 다른 사도들이 말해도 믿지 않았고, 직접 예수님의 상처를 만져 보지 않으면 믿지 않겠다고 말했습니다(요한 20, 24-29). 이 일화가 '의심 많은 사람(doubting Thomas)'이라는 뜻의 영어 표현이

토마스 사도(1611, 루벤스), 108×83cm 유화,
스페인 프라도미술관 소장

유래된 배경이기도 합니다. 하지만 그의 의심을 다르게 해석할 수
도 있겠습니다. 즉, 그의 불신과 의심에 대해 직접 진실을 알아보고
확인하려는 열정적인 태도로 볼 수 있다는 뜻입니다.

예수님의 상처를 확인했던 그의 일화를 통해, 하느님의 존재를 보
지 않고서는 믿기 어렵다는 신앙 회의론자들을 떠올리게 됩니다.
토마스 사도는 의심의 대명사 같지만 다른 한편으로는 예수님의 상
처에 직접 손을 넣을 수 있을 만큼 예수님과 친밀한 사이라면 그럴
수도 있겠다는 또 다른 통찰을 얻게 됩니다. 아이들이 어릴 때 엄마

아빠가 깊은 잠에 빠져있는 체 하면, 숨을 쉬나 안 쉬나 하고 아이가 귀를 대보거나 콧구멍에 손가락을 넣어 보듯이 말입니다. 엄마 아빠에게 친밀감을 느끼니까 아이가 콧구멍에 손가락을 넣어 보는 것이지, 낯선 사람에게는 아이도 함부로 행동하지 않습니다.

이탈리아의 화가 카라바조(Michelangelo Caravaggio, 1571~1610)는 〈의심하는 토마스(The Incredulity of Saint Thomas)〉(1601~1602)라는 명작을 남겼습니다. 그림을 보면 토마스가 검지를 예수님의 가슴에 난 상처 부위에 깊숙이 집어넣고 있습니다. 진짜로 십자가에 못 박혔을 때의 상처인지 손가락의 촉감만으로는 못 믿겠다는 듯이 두 눈이 뚫어질 정도로 상처를 바라보고 있고 다른 두 제자도 상처를 확인하느라 여념이 없는 순간을 일필휘지로 그려냈습니다.[1] 이마에 주름이 깊은 토마스가 왼손을 허리에 얹은 채 오른손을 뻗어 예수님의 상처 자국에 손가락을 깊이 찔러 넣고 있는 장면을 보면 그를 왜 '불신의 토마스'라고 하는지 알 것 같습니다. 토마스의 의심하는 눈초리, 예수님의 슬픈 얼굴, 상처 깊숙이 넣는 손가락, 그림을 보는 사람의 시선은 한곳에 집중될 수밖에 없습니다.

---

1   고종희(2013). "토마스."『명화로 읽는 성인전』. 서울: 한길사. pp. 115-123.

의심하는 토마스(1601~1602, 카라바조) 107×146cm 유화, 독일 포츠담신궁전 소장

토마스 사도는 다른 제자들의 말을 듣고 예수님의 부활을 믿을 수
도 있었겠지만, 부활하신 예수님을 직접 확인하고 나서 아픔마저 서
로 어루만져 주는 친구가 되기를 원했는지도 모릅니다. 그래서인지
부활을 확인한 그는 누구보다 먼저 "저의 주님, 저의 하느님!" 하며,
예수님을 자신의 하느님으로 고백합니다. 토마스 사도는 예수님의
복음 말씀을 전파하는 데 중요한 역할을 했습니다. 특히 부활하신
예수님을 직접 확인한 다음에 보여 준 그의 태도는 예수님의 부활이

꾸며 낸 이야기가 아니라 실제로 일어난 사실임을 보증하는 확실한 증거입니다.

그는 부활하신 예수님을 만나고 나서 이렇게 말했습니다. "저의 주님, 저의 하느님!"(요한 20, 28) 이는 자신도 모르게 터져 나온 탄성입니다. 그가 예수님의 부활을 믿기까지는 다소 시간이 걸렸는데, 우리는 그의 이런 태도에서 신앙이란 쉽게 이루어지지 않으며 때로는 절대자에 대한 의구심을 극복했을 때 신앙이 더 굳건해진다는 사실을 배우게 됩니다. 신앙생활을 하는 과정에서 우리 모두가 어떤 의구심을 가질 수는 있겠지만 그럼에도 끝까지 신앙을 유지하려는 의지가 중요합니다.

토마스 사도는 예수님의 부활을 확인하고 인도를 비롯한 아시아 지역에 복음을 전파했다고 전해집니다. 성경에 그의 죽음에 대한 내용은 없습니다. 초기 교회의 전승에 따르면, 그는 서기 52년에 인도에서 창에 찔려 순교했다고 합니다. 인도 첸나이 지역에 있는 그의 무덤 근처에 성당을 건축했는데, 현재 관광객의 발길이 끊이지 않는 성 토마스 대성당이 그곳입니다. 성모 마리아가 승천할 때 허리띠를 그에게 징표로 주었다는 전승에 따라, 허리띠는 그의 상징물이 되었습니다. 그의 이름을 딴 외경『도마복음』도 있지만 그가 쓴 복음서는 아닙니다. 토마스 사도는 목수, 건축가, 예술가, 석공의 수호성인입니다. 그의 상징물은 창, 연꽃, 손가락, 측량자이며, 죽일은 7월 3일입니다.

복음 말씀에 나타난 인연의 끈

성경에서는 토마스 사도를 믿지 못하고 회의적인 태도를 가진 사람으로 묘사합니다. 성경의 저자들은 그에게 '불신의 토마스'라는 꼬리표를 붙였습니다. 가장 잘 알려진 이야기는 그가 부활하신 예수님을 만나는 장면입니다. 다른 사도들이 토마스에게 예수님이 부활했다고 말했지만, 그는 예수님의 상처를 직접 만지고 확인할 때까지는 부활을 믿지 않겠다며 고집을 부렸습니다. 토마스의 의심하는 성격과 진실을 추구하는 성격을 동시에 보여 주는 장면입니다. 예수님이 토마스에게 자신의 상처를 보여 주며 만져 보라고 하자 토마스는 그때 비로소 "저의 주님, 저의 하느님!"(요한 20, 28) 하고 외치며 예수님의 부활을 확신합니다.

열두 제자 가운데 하나로서 '쌍둥이'라고 불리는 토마스는 예수님께서 오셨을 때에 그들과 함께 있지 않았다. 그래서 다른 제자들이 그에게 "우리는 주님을 뵈었소." 하고 말하였다. 그러나 토마스는 그들에게, "나는 그분의 손에 있는 못 자국을 직접 보고 그 못 자국에 내 손가락을 넣어 보고 또 그분 옆구리에 내 손을 넣어 보지 않고는 결코 믿지 못하겠소." 하고 말하였다. 여드레 뒤에 제자들이 다시 집 안에 모여 있었는데 토마스도 그들과 함께 있었다. 문이 다 잠겨 있었는데도 예수님께서 오시어 가운데에 서시며, "평화가 너희와 함께!" 하고 말씀하셨다. 그러고 나서 토마스에게 이르셨다. "네 손가락을 여기 대 보고 내 손을 보아라. 네 손을 뻗어 내 옆구리에 넣어 보아라. 그리고 의심을 버리고 믿어라." 토마스가 예수님께 대답하였다. "저의 주님, 저의 하느님!" 그러자 예수님께서 토마스에게 말씀하셨다. "너는 나를 보고서야 믿느냐? 보지 않고도 믿는 사람은 행복하다." (요한 20, 24-29)

토마스 사도는 진실과 이해를 추구하는 인물 같습니다. 그의 일화를 보면 사람 사이의 인연에 대해 깊이 생각하게 합니다. 인연은 우리가 눈으로 보고 손으로 만질 수 있는 물리적 연결이 아니라, 마음을 깊이 터놓는 개인적 연결을 의미합니다. 토마스는 물리적으로 확인한 다음에야 예수님의 부활을 믿었는데, 스스로 이해하고 인식함으로써 보다 확고한 믿음을 가지게 됐다는 사실이 더 중요합니다. 인연에 대해 어떻게 생각하는 것이 바람직할까요? 우리는 표면적인 연결에 집착하기 쉽지만 진정한 인연은 그 이상을 요구합니다. 우리는 타인을 이해하려는 노력과 그들의 경험을 공유하려는 의지를 가져야 합니다. 토마스의 일화는 인연의 진정한 본질을 생각하게 합니다.

그러자 토마스가 예수님께 말하였다. "주님, 저희는 주님께

서 어디로 가시는지 알지도 못하는데, 어떻게 그 길을 알 수
있겠습니까?" 예수님께서 그에게 말씀하셨다. "나는 길이요
진리요 생명이다. 나를 통하지 않고서는 아무도 아버지께 갈
수 없다. (요한 14, 5-6)

이 복음 말씀은 예수님이 토마스의 우연한 질문에 대해 대답하시
면서 우연히 만들어진 명언이라 할 수 있습니다. 토마스의 회의적
인 태도는 결국 그가 더 깊고 강한 믿음을 갖게 하는 원동력이 되었
습니다. 자신이 이해하지 못하는 것을 받아들이기를 거부했던 그는
항상 따지고 탐구하는 사람이었습니다. 사람들과 어떤 인연을 맺을
때 우리도 비슷한 심리 과정을 겪을 수 있습니다. 처음에는 상대방
을 이해하지 못하거나 의구심을 갖더라도 차츰 그들을 이해하려고
노력함으로써 더 깊은 인연을 맺을 가능성이 높다고 하겠습니다.
  처음에는 의심스럽거나 낯선 사람이라 할지라도, 많은 질문과 대
화를 하는 데 시간을 써서 그들을 이해하고 그들의 상처를 알게 된
다면, 우리는 그 인연을 더 소중히 여기며 관계를 강화할 수 있습니
다. 이는 토마스 사도가 예수님과 더 깊은 인연을 맺었던 방식과 같
습니다. 따라서 우리는 첫 만남에서 미덥지 않은 사람이거나 자기
스타일이 아닌 사람이라도 상대방을 이해하려고 노력해야 합니다.
토마스 사도가 예수님과 맺은 인연의 끈을 중시했듯이 우리도 사람
과 사람 사이 또는 신자와 예수님 사이의 인연을 소중히 여겨야 합

니다. "우리는 만날 때에 떠날 것을 염려하는 것과 같이, 떠날 때에 다시 만날 것을 믿습니다." 한용운의 시 「님의 침묵」(1926)에 나오는 한 구절처럼 우리는 인연을 가꾸며 성장해야 합니다.

인연이란 그저 만나는 관계가 아니라 '이해하려는 노력'과 '진실을 찾아내는 과정'을 통해 성장하는 관계입니다. 이것이 토마스 사도와 인연에 관련된 복음 말씀의 참 의미입니다. 토마스 사도는 예수님의 상처를 직접 보고 만져 봐야만 믿겠다고 했는데, 그럼에도 예수님은 토마스에게 상처를 보여 주시며 토마스의 믿음을 끌어내고 강화시켰습니다. 예수님은 물리적 증거가 있어야만 믿을 수 있는 것이 아니라는 사실을 우리가 깨닫도록 일깨워 주셨습니다. 따라서 '인연의 집'을 찾는 분들께서 토마스 사도와 관련된 복음을 다음과 같이 이해해도 좋겠습니다.

먼저, 진리를 깨닫는 방법은 여러 가지가 있다는 사실입니다. 우리는 눈에 보이는 것만이 진리라고 생각할 수 있지만 신앙의 문제는 꼭 그렇지 않습니다. 토마스 사도의 일화는 우리 눈에 보이지 않는 것도 중요하다는 통찰력을 줍니다. 보지 않고도 믿는 것이 참 신앙이라는 뜻입니다. 믿음, 희망, 사랑 같은 것은 우리 눈에 보이지도 않고 만져지지도 않지만 건물, 자동차, 예금 같은 보이는 물증보다 소중한 가치라고 하는 데 동의할 수 있어야 합니다.

다음으로, 인연은 믿음을 통해 더욱 강화된다는 사실입니다. 토마스 사도는 예수님의 상처를 만져 본 다음에서야 예수님의 부활을 인정했습니다. 우리의 인간관계에서도 그런 일이 있을 수 있습니다. 믿을 근거가 제시되면 더 깊은 인연으로 발전할 수 있겠지만, 근거가 제시되지 않더라도 상호간의 신뢰를 바탕으로 운명처럼 다가온 인연을 소중히 키워 가야 합니다. 그리하여 결국 보이지 않는 것도 믿을 수 있는 소중한 인연으로까지 관계를 발전시켜 나아가야 합니다. 복음 말씀에 나타난 인연의 끈에 대해 깊이 생각해 보십시오.

08 마태오 사도와 기쁨의 집

러시아 정교회 건물을 닮은 '기쁨의 집' 전경 ⓒ 김병희

그곳에 가서 기쁨을 누려 보세요

소기점도에 있는 게스트하우스 뒤편의 순례 길을 따라가다 보면 8번 '기쁨의 집'이 나옵니다. 주소는 전라남도 신안군 증도면 병풍리 소기점도의 소악도 노둣길입니다. 소기점도에서 소악도로 가는 노둣길 중간의 갯벌에 터를 잡은 '기쁨의 집'은 마태오 사도를 기리기 위해 김윤환 작가가 지었습니다. 소기점도의 게스트하우스에서 바라보면 '기쁨의 집'이 한눈에 들어옵니다. 이 집의 외양은 특이합니다. 너무 닮아 보여 흡사 러시아 정교회 건물을 옮겨다 놓은 것 같습니다.

민트색의 타일 지붕이 있는데 그 위에 세 개의 황금빛 양파 조형

밀물 때 찍은 '기쁨의 집' 원경 ⓒ 신안군

물을 또 얹으니 돔형 지붕이 되었습니다. 큰 양파 하나와 작은 양파 두 개가 황금빛을 발산하며 우람한 자세로 위용을 뽐내고 있습니다. 해질 무렵이면 돔형 지붕에 노을이 반사되다 점점 바다 속으로 사라져 가는 멋진 장관을 볼 수도 있습니다. 작가는 섬의 특산물인 양파에서 모티브를 얻어, 섬 주민들의 삶에 경의를 표시하자는 뜻에서 지붕을 양파 모양의 돔형으로 완공했다고 합니다.

섬의 물때는 달의 기울기와 비례하기 때문에 섬의 시간은 달의 시간과 닮았습니다. '기쁨의 집'은 노둣길 중간의 갯벌에 있기 때문에 밀물(만조)일 때는 고립되고 썰물(간조)일 때는 다시 길이 열립니다. 사진에서 알 수 있듯이 밀물일 때는 노둣돌이 완전히 물에 잠겨 '기

만조 때 항공 촬영한 '기쁨의 집' 원경 ⓒ 신안군

08 마태오 사도와 기쁨의 집

뿜의 집'은 바다에 홀로 떠있는 집처럼 보입니다. 절대 고립 속으로 갇혀 버리는 것입니다. 다시 썰물이 시작돼 길이 열리면 소기점도와 소악도의 주민들도 서로 소통하며 기쁨의 길을 열어 갑니다. 일상의 기쁨이 다시 열리는 순간입니다.

십자형 건축 예술품의 출입문을 열고 안으로 들어가면 세 면의 벽에 커다란 아치형 창문이 자리 잡고 있습니다. 대형 창문을 통해 드넓은 갯벌과 출렁이는 바다 풍경을 어느 방향에서나 마음껏 바라볼 수 있어, 기쁜 순간을 만끽할 수 있습니다. 그리고 창문을 모두 다 열 수 있고 어느 방향이든 바람이 잘 통하니, 창문을 여는 순간 비릿한 바다 냄새를 가득 품은 바닷바람이 허락도 받지 않고 안으로 들

어느 방향에서도 바다가 보이는 아치형 창문 ⓒ 신안군

바닥을 수놓은 격자무늬 타일과 원통형 구조물 ⓒ 신안군

어옵니다. 창문 앞에 놓인 기도대에 손을 얹고 바닷바람을 맞으며 기도하는 순간도 특별한 기억으로 남을 것입니다. 바닥을 수놓은 격자무늬 타일과 바닥 중앙에 자리 잡은 원통형 구조물은 고급스러워 보이면서도 단정한 느낌을 줍니다.

이 집에 갈 때는 물때를 확인해야 합니다. 물때가 맞지 않아 늦어지면 바다에 갇혀 썰물이 될 때까지 기다려야 합니다. 밀물 때는 노둣길이 바다에 잠기므로 밀물이 최고조에 이르는 전후로 1시간 30분 동안, 모두 3시간 동안 통행이 불가능합니다. 물때는 매일 1시간 정도 차이가 있기 때문에 섬에 들어가고 나오는 시간 계획을 물때에 맞춰 구체적으로 짜야 합니다. 물이 빠져 다시 순례를 시작하

　　　　　　　　　　　　08 마태오 사도와 기쁨의 집

면 고립됐을 때의 두려움보다 몇 배나 큰 기쁨을 맛볼 수 있으니,[1] 이 또한 '기쁨의 집'에서만 경험할 수 있는 기쁨이 아닐까요? 고립에서 벗어난 연결의 기쁨을 제대로 느낄 수 있습니다.

긴 계단과 특이한 외양의 건축미가 돋보이는 이곳은 사진이 잘 나오는 '사진 맛집'으로도 유명합니다. 사람에 따라 취향이 다르겠지만 꽤 괜찮은 포토 존이라 할 수 있습니다. '기쁨의 집'에 머무르는 동안 모든 분이 종교를 초월해 마태오 사도가 알려 준 기쁨의 메시지를 생각하며 기쁘게 웃는 장면을 인생 사진으로 남기시기 바랍니다.

마태오 사도의 생애와 교훈

마태오(마태, Matthaeus, Matthew) 사도는 로마의 세금 징수관(세리) 출신입니다. 당시에 세금 징수관은 부과한 세금 이상을 거둬들여 자신들의 수입을 챙기는 것으로 악명이 높았습니다. 이 직업은 유대인들 사이에서 불명예스럽게 인식됐지만, 예수님의 부름을 받은 후 그는 회개하고 새로운 삶을 시작했습니다. 자신의 부귀영화를 희생하고 신앙을 위해 결단을 내린 제자였습니다. 천직을 버리고 예수님의 가르침을 따르기로 결심했다는 점에서, 그가 결단력 있

---

1   조남대(2021. 10. 15.). "1004섬 신안 앞바다 섬티아고 순례길 걸으며." 중앙일보
     https://www.joongang.co.kr/article/25015189#home

마태오 사도(1611, 루벤스), 106.5×82cm 유화,
스페인 프라도미술관 소장

는 인물임을 알 수 있습니다. 나아가 그가 예수님과 다른 세리들을
자기 집으로 초대했다는 사실에서 추정해 볼 때, 그는 소통 의지가
강한 개방적인 사람이었을 것입니다(마태오 9, 9-13).

마리아 발또르따가 환시를 받아 쓴 『하느님이시요 사람이신 그리
스도의 시』 제2권에서는 마태오 사도에 대해 작은 키에 나이가 들어
보이는데 쾌락추구자의 피로한 얼굴로 예수님과 처음 만났다고 기
술했습니다. '하사시'를 읽어 보면 예수님께서 세금을 내려고 세금

징수대를 방문했다가 마태오 사도를 처음 만난 순간을 기술한 대목이 흥미진진합니다.[2]

예수께서는 차례를 기다리시다가 세리 앞에 이르렀을 때 이렇게 말씀하신다.

"요나의 아들 시몬의 물고기 여덟 바구니에 대한 세금을 내겠습니다. 바구니들은 사환들 발 앞에 있으니, 확인하고 싶으면 확인하시오. 그러나 정직한 사람들 사이에는 말이면 충분할 것입니다. 그런데 당신은 나를 정직한 사람으로 보리라고 생각합니다. 세금이 얼마나 됩니까?"

자기 세금 징수대에 앉아 있던 마태오가 예수께서 '선생은 나를 정직한 사람으로 보리라고 생각합니다' 하고 말씀하실 때에 일어선다. 키가 작고 대개 베드로만큼 나이 먹은 그는 그러나 쾌락추구자의 피로한 얼굴과 분명히 황송한 빛을 나타낸다. 그는 처음에는 머리를 숙이고 있다가 고개를 쳐들고 예수를 쳐다본다. 예수께서 그 큰 키로 인하여 그를 굽어보시며 엄숙하게 똑바로 들여다보신다.

"얼마요?" 하고 조금 후에 예수께서 물으신다.

---

2   마리아 발또르따 저, 안웅렬 역(1989). 『하느님이시요 사람이신 그리스도의 시』 제 2권. 서울: 가톨릭 크리스챤. p. 358.

마태오는 "선생님의 제자에게는 세금이 없습니다" 하고 대답하더니, 목소리를 낮추어 "제 영혼을 위해 기도해 주십시오" 하고 말한다.

"나는 선생의 영혼을 내 안에 지니고 있습니다. 나는 내 안에 죄인들을 보호해 주고 있으니까요. 그러나 선생은…… 왜 선생의 영혼 걱정을 안 합니까?" 그리고 예수께서는 곧 어안이 벙벙해 있는 베드로에게로 돌아오신다. 다른 사람들도 깜짝 놀라 있다. 그들은 그들의 눈을 의심하며 수근거린다.

마태오 사도는 복음 전파에 중요한 역할을 했습니다. 그는 『마태오복음서』(마태복음)에서 예수님의 생애와 가르침을 상세히 기록했습니다. 이 복음서는 예수님의 말씀과 행동에 대한 중요한 출처이며, 그리스도교의 주요 교리인 산상 설교를 포함하고 있습니다. 그가 성경을 저술한 것은 그가 예수님의 가르침을 사랑하고 깊이 이해하려 노력했다는 증거입니다. 우리는 그가 기록한 복음을 통해 예수님의 말씀을 듣게 됩니다. 복음에서는 이스라엘의 역사와 예수님이 하신 일들을 소개합니다. 그는 다윗의 후예인 예수님이 이스라엘의 진정한 왕이자 모세가 예언했던 선지자라는 점을 강조했습니다. 그의 노력은 예수님의 가르침을 널리 전파하는데 크게 기여했습니다.

마태오 사도의 죽음에 대한 기록은 찾기 어렵습니다. 그러나 초기 교회의 전승과 역사적 기록에 따르면, 그는 에티오피아 또는 페르시아에서 전도 활동을 하다가 칼에 찔려 순교했다고 전해집니다. 성경학자들은 그가 서기 1세기 후반에 순교했다고 추정합니다. 과거에 세리였던 탓인지 마태오 사도는 은행가, 회계사, 금융인, 세관원의 수호성인입니다. 그의 상징물은 천사, 펜, 종이이며, 축일은 9월 21일입니다.

복음 말씀에 나타난 기쁨의 길

마태오 사도는 원래 세리(세관 직원)였습니다. 그의 본명은 레위였고, 예수님이 그를 호출하시기 전에 그는 세관에서 일하고 있었습니다. 이런 배경으로 인해, 초기에는 예수님의 제자로 그가 선택된 사실이 당시 사회에 엄청난 충격을 안겼습니다. 왜냐하면 당시 유대인 사회에서 로마의 세금을 징수하는 세리를 매우 탐욕스럽고 부정한 직업으로 여겼기 때문입니다. 그러나 그는 예수님의 호출을 받고 자기 직업을 포기했습니다. 그는 물질적인 풍요보다 예수님과 함께하는 삶의 기쁨을 선택한 것입니다.

마태오 사도와 기쁨의 관련성을 이해할 수 있는 핵심적인 복음 말씀은 『마태오복음』에서 찾을 수 있습니다. 그는 예수님에 대한 믿음을 통해 참된 기쁨을 발견했고, 그 기쁨이 자신의 삶을 변화시켰다고 강조했습니다. 그의 생애를 보면 기쁨이 어떻게 우리의 선택과 행동을 바꿀 수 있는지 알 수 있습니다. 그는 물질적 풍요를 포기하고 참된 삶의 기쁨을 선택했고, 그 결과 삶 자체가 바뀌었습니다. 따라서 기쁨은 단지 긍정적 감정만을 의미하지 않고, 인생의 가치를 바꿀 수 있는 강력한 힘이라 할 수 있습니다. 참된 기쁨이란 외부의 상황이나 물질적 풍요가 아닌 우리의 내면에서 찾을 수 있기 때문입니다.

> "아! 이 세상에 있는 모든 것이 제게 미소를 지었습니다. 제가 발걸음을 내딛는 곳마다 꽃밭이었고, 제 명랑한 성격으로 인해 삶은 더 행복해졌습니다. 그러나 제 영혼의 새로운 시기가 시작될 순간이 왔습니다. 예수님께 일찍 바쳐질 수 있기 위해 저는 어려서부터 시련과 고통을 받아야만 했습니다. 봄꽃이 눈 속에서 움트기 시작하다가 첫 햇빛을 받아야 활짝 피는 것처럼 어린 시절의 아름다운 추억을 쓰고 있는 이 작은 꽃도 시련의 겨울을 겪어야만 했습니다."[3]

인용한 글은 『성녀 소화 데레사 자서전』(2011)에 나오는 내용입니다. 성녀 소화 데레사는 하느님 곁에 '일찍 바쳐질 수 있기 위해' 어

---

3 성녀 소화 데레사 저, 안응렬 역(2011). 『성녀 소화 데레사 자서전』. 서울: 가톨릭
   출판사. p. 74.

려서부터 온갖 시련과 고통을 겪었지만 주변의 모든 것을 기쁨으로 받아들였습니다. 아빠 손을 잡고 걷는 산책길에서 만난 걸인에게 적선할 때도 기쁨을 느꼈고, 누가 자신의 바구니에 든 들국화를 빼앗아도 불평하지 않고 말없이 바라보기만 했습니다. 더더욱 놀라운 사실은 몸이 불편한 상태에서도 세상에 있는 모든 것이 자신에게 미소 지었다고 생각하며, 주변의 모든 것을 기쁨으로 대했다는 사실입니다. 성녀 소화 데레사의 사례에서, 외부의 상황이나 물질적 풍요에서는 참된 기쁨을 좀처럼 느끼기 어렵고, 오로지 우리 내면의 착한 마음으로만 참된 기쁨을 느낄 수 있다는 사실을 다시 확인하게 됩니다.

예수님께서 그곳을 떠나 길을 가시다가 마태오라는 사람이 세관에 앉아 있는 것을 보시고 말씀하셨다. "나를 따라라." 그러자 마태오는 일어나 그분을 따랐다. 예수님께서 집에서 식탁에 앉게 되셨는데, 마침 많은 세리와 죄인도 와서 예수님과 그분의 제자들과 자리를 함께하였다. 그것을 본 바리사이들이 그분의 제자들에게 말하였다. "당신네 스승은 어째서 세리와 죄인들과 함께 음식을 먹는 것이오?" 예수님께서 이 말을 들으시고 그들에게 말씀하셨다. "튼튼한 이들에게는 의사가 필요하지 않으나 병든 이들에게는 필요하다. 너희는 가서 '내가 바라는 것은 희생 제물이 아니라 자비다.' 하신 말씀

이 무슨 뜻인지 배워라. 사실 나는 의인이 아니라 죄인을 부르러 왔다." (마태오 9, 9-13)

이 복음 말씀은 기쁨의 본질을 알려 줍니다. 기쁨이란 물질적인 풍요나 쾌락에서 오지 않고, 자신의 삶을 전적으로 하느님께 바치고 순응할 때 느끼는 깊은 만족감이란 뜻입니다. 그는 세리라는 세속적인 직업을 그만두고 예수님을 따르면서 참된 기쁨을 느꼈습니다. 그리고 자신의 삶을 남을 섬기는 데 헌신할 때도 참된 기쁨을 느낄 수 있었습니다. 그는 예수님을 따르면서 복음 전파에 전심전력을 다했고, 그 과정에서 큰 기쁨을 느꼈습니다. 이런 모습을 본보기로 삼는다면 우리 모두가 다른 사람에게 긍정적인 영향을 미치며 삶의 기쁨을 발견할 수 있습니다.

하늘나라는 밭에 숨겨진 보물과 같다. 그 보물을 발견한 사람은 그것을 다시 숨겨 두고서는 기뻐하며 돌아가서 가진 것을 다 팔아 그 밭을 산다. 또 하늘나라는 좋은 진주를 찾는 상인과 같다. 그는 값진 진주를 하나 발견하자, 가서 가진 것을 모두 처분하여 그것을 샀다. (마태오 13, 44-46)

이 복음 말씀은 기쁨의 궁극적인 원천이 어디에 있는지 알려 줍니다. 보물을 찾은 사람과 귀한 진주를 찾은 판매인은 그들이 찾아 낸 것의 가치를 알아보고, 그것을 얻기 위해 자신이 가진 모든 것을 기꺼이 팔아 버립니다. 하늘나라에 대한 경험이 얼마나 큰 기쁨과 가치를 지니는지 생생하게 보여 주는 일화입니다. 우리는 기쁨과 행복을 물질적 성공, 인간관계의 확장, 과도한 건강 챙기기 같은 외적 조건에 의존하는 경우가 많습니다. 하지만 복음 말씀에서는 진정한 기쁨이란 신앙에서 오는 것이며, 그것은 세상의 그 무엇도 대체할 수 없는 귀한 가치를 가지고 있다는 사실을 환기합니다.

우리는 일상에서 잠시 멈춰 서서, 진정한 기쁨과 행복이 무엇인지, 그리고 우리의 삶에서 기쁨을 어떻게 찾을 것인지에 대해 성찰하는 시간을 가져야 합니다. 그렇게 해야 우리는 마태오 사도가 천국의 가치를 깨닫고 모든 것을 내어놓은 결단을 이해할 수 있습니다. 그러한 기쁨을 각자의 삶에서도 발견하도록 노력해야 합니다. 다시 생각해 봐도 참된 기쁨은 물질적인 부와 명예나 성공이 아니라, 예수님과 함께하는 삶에서 오는 깊은 만족감과 평화와 사랑에서 기쁨을 찾을 수 있을 듯합니다. '기쁨의 집'을 찾는 분들은 마태오 사도의 기쁨에 대한 복음 말씀을 통해 다음과 같은 의미를 받아들이면 좋겠습니다.

먼저, 천국의 가치에 공감하려는 자세입니다. 천국은 지상의 그 이떤 것과도 비교할 수 없을 정도로 큰 가치가 있습니다. 이를 정확히 인식하고 공감한다면 우리에게 큰 기쁨으로 다가오며, 이는 지상에서 느낄 수 있는 어떤 기쁨보다 큰 기쁨입니다. 순례길을 걷는 분들께서는 천국의 가치에 공감하고 그 가치를 찾아가는 여정에서 기쁨의 길을 몸소 체험하시기 바랍니다.

다음으로, 헌신하고 희생하려는 자세입니다. 복음 말씀에서는 하늘나라를 밭에 숨겨진 보물이나 좋은 진주를 찾는 상인에 비유했습니다. 보물이나 좋은 진주를 얻으려면 기존의 가치를 버리는 희생과 헌신이 필요하다는 뜻입니다. 천국을 찾는 여정에서도 헌신과 희생이 필요합니다. 우리는 자기 삶에서 무엇을 희생하고 헌신할 준비가 돼 있는지 깊이 성찰해야 합니다.

마지막으로, 기쁨의 개념을 재정립하려는 자세입니다. 복음 말씀에서는 기쁨의 원천이 신앙에 있다고 강조했습니다. 어떤 어려움에 직면할 때도 밭에 묻힌 보물과 좋은 진주를 찾을 수 있습니다. 진정한 기쁨을 어디에서 찾을 것인지, 그 개념을 다시 정립하려는 자세가 무엇보다 시급한 과제입니다. 복음 말씀에 나타난 기쁨의 길을 소중히 간직하십시오. 우리 모두가 자신의 삶에서 '기쁨의 개념을 재정립하는 기쁨'을 누려야 합니다.

09 작은 야고보 사도와 소원의 집

프로방스풍의 오두막을 닮은 '소원의 집' 풍경 ⓒ 신안군

그곳에 가서 소원을 빌어 보세요

노둣길을 건너기 전에 둑길을 따라 걸어가면 소악도의 둑방길 끝에 어부의 집이 아닌가 싶은 조그만 오두막이 방문객을 기다리고 있습니다. 위치는 전라남도 신안군 증도면 병풍리 소악도의 둑방 끝입니다. 문준경 전도사의 정신이 깃들어 있는 소악교회를 지나 갈림길 우측의 둑방길 끝으로 가면 9번 '소원의 집'이 나옵니다. 작은 야고보 사도를 기리기 위해 장미셀 후비오, 파코, 브루노 작가가 지었습니다. 프랑스 프로방스풍의 오두막을 연상시키는 집입니다. 유럽의 바닷가 곳곳에는 바다로 나가기 전에 거친 조업과 파도로부터 어부들의 안전을 기원하는 '어부의 기도소'가 있는데, 작가는 거기에서 영감을 얻어 이 집을 지었다고 합니다.

100년 넘은 고택에서 가져온 옛날 목재로 기둥을 세워 집을 지었습니다. 출입문도 직사각형이 아닌 자유자재형입니다. 생선 머리 쪽을 잘라내고 나머지 부분을 세워놓은 모양새인데, 출입문 위쪽으로 갈수록 폭이 좁아지니 마치 생선 꼬리 같습니다. 출입문 위쪽에는 물고기 모양의 스테인드글라스를 지붕 길이에 거의 맞먹을 정도로 길게 설치했습니다. 바다를 상징하는 대형 물고기가 커다란 창으로 변했으니, 동화 속의 난장이들이 살았을 법한 상상을 불러일으킵니다. 동양적 고목과 서양적 스테인드글라스가 연인처럼 만나 스스럼없이 어울리는 멋진 광경입니다.

안으로 들어가서 보면 물고기 모양의 스테인드글라스가 더 예쁘게 보입니다. 대형 물고기 창을 통해 푸른빛이 안쪽의 석회벽에 은은히 내려앉습니다. 안에서 바깥을 보면 스테인드글라스는 사라지고 물고기 모양만 보입니다. 벽과 바닥이 만나는 접점을 고기 잡을 때 쓰는 밧줄로 둘러싼 멋스러움은 쉽게 볼 수 없는 장면입니다. 출입문의 왼쪽 벽 앞에는 1미터 높이의 기둥을 세우고 그 위에 촛대를 설치했으니 그 앞에서 기도할 수 있습니다. 아니면 나무 마루에 앉아 편안히 휴식을 취하셔도 좋습니다.

벽과 바닥의 접점을 둘러싼 밧줄과 1미터의 촛대 ⓒ 신안군

09 작은 야고보 사도와 소원의 집

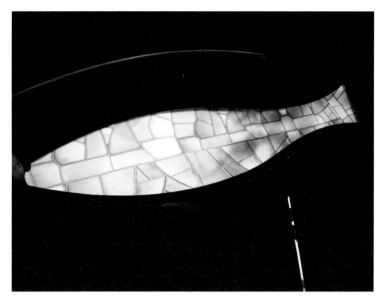

출입문 위쪽에 있는 물고기 모양의 스테인드글라스 ⓒ 신안군

    집 뒤쪽으로 가면 6미터 높이의 뒤쪽 벽면에 자연이 그린 벽화가 있습니다. 지붕을 덮은 자재가 황동인데, 시간이 흐르는 사이에 빗물과 황동이 만나 이야기를 만들어 냈나 봅니다. 황동과 빗물이 접촉한 시간만큼 앞으로도 계속 그림이 그려질 테니 오랜 세월이 흐른 다음 자연은 어떤 벽화를 완성할지 궁금해집니다. 녹슨 닻도 있는데 물 빠진 갯벌에서 수집한 것이라고 합니다. 그리고 '소원의 집'에서 절대로 그냥 스쳐 지나가면 안 되는 두 가지 소품이 있습니다.

하나는 출입문에서 오른쪽 기둥 쪽으로 눈을 돌렸을 때 땅에 박혀 있는 빗물받이입니다. 주민이 쓰던 돌절구를 가져다 재활용한 것입니다. 다른 하나는 돌절구 빗물받이에서 오른쪽의 석회벽 한가운데에 박힌 자연석입니다. 길에서 '소원의 집'으로 들어오는 방향에서 보면 벽면 중앙에 큰 돌이 하나 박혀 있는데 소악도에서 가져왔습니다. 방문객들이 돌을 한 번씩 쓰다듬으며 소원을 기원하라는 취지에서 벽에 이 돌을 설치했다고 합니다.

물고기 모양의 집을 지은 작가는 만선(滿船)의 꿈을 싣고 떠나는 어부처럼 모두가 소망의 배를 띄우라고 말하고 싶었을 것입니다. 소설가 박완서 선생님은 에세이집『빈방』(2006)에서 바람처럼 공기처럼 스며들어 쉬어갈 수 있는 빈방 같은 사람이 되기를 소망한다고 썼습니다.[1]

'소원의 집'은 누구에게나 열려 있습니다. 바람처럼 공기처럼 스며들어 쉬어가는 빈방 같습니다. '소원의 집'에 머무르는 동안, 모든 분이 종교를 초월해 작은 야고보 사도를 생각하며 소원을 빌어 보시기 바랍니다.

---

[1]   박완서(2006).『빈방』. 서울: 열림원.

주민이 쓰던 돌절구를 가져다 재활용한 빗물받이 ⓒ 신안군

쓰다듬고 소원을 기원하라며 벽면 중앙에 설치한 돌 ⓒ 김병희

작은 야고보 사도(1612~1613, 루벤스), 107×82.5cm, 유화,
스페인 프라도미술관 소장

작은 야고보 사도의 생애와 교훈

　작은 야고보(소 야고보, Iacobus Minor, James the Lesser) 사도는 야
고보(대 야고보) 사도와 동명이인입니다. 알패오(Alphaeus, 예수님의
양부인 요셉 성인의 친동생)의 아들인 그는 예수님과 사촌 형제 사이
입니다. 그러니까 알패오는 예수님의 삼촌인 셈입니다. 알패오의
자식 중에서 유다 타대오와 작은 야고보는 나중에 예수님의 12사도
가 됩니다. 성경에는 야고보라는 동명이인이 여럿 등장하는데, 야

고보 사도(제베대오의 아들인 대 야고보)와 구별하려고 그를 '작은 야고보'라는 별칭으로 불렀습니다. 성경에서는 예수님께 꼭 필요한 제자였던 그를 '알패오의 아들 야고보' 또는 '정의의 야고보'라는 별칭으로 서술합니다. 성경에 그의 활동이 특별히 부각되지는 않았지만, 그의 존재 자체가 복음의 급속한 확산을 보여 주는 증거입니다.

마리아 발또르따가 환시를 받아 쓴 『하느님이시요 사람이신 그리스도의 시』 제2권에는 가파르나움의 장날 아침에 유다와 야고보가 오는 것을 보고 예수님이 그들을 향해 걸음을 재촉하고 다정하게 맞이하는 대목이 있습니다. 예수님이 유다에게 유다의 아버지(예수님의 삼촌)를 잘 간호하라고 지시했는데, 왜 아버지를 돌보지 않고 시장에 나왔느냐고 묻자 유다 타대오는 고개를 숙인 채 말이 없고 작은 야고보가 감정에 복받쳐 대신 나서는 장면입니다.[2]

"이 애가 자네에게 순종하지 않은 것은 내 탓이야. 내 탓이고 말고. 하지만 나는 그들을 계속 견디어 낼 수는 없었어. 모두가 우리를 반대해. (……) 그러나 그들은 자네를 이해하기를 원치 않았고, 자네의 말을 듣기조차 원치 않았어. 그래서 나는 집을 떠난 거야. 예수를 택하느냐 가족을 택하느냐를 택하

---

2 마리아 발또르따 저, 안응렬 역(1989). 『하느님이시요 사람이신 그리스도의 시』 제2권. 서울: 가톨릭 크리스챤. pp. 355-357.

도록 독촉을 받아서 나는 자네를 택했어. 그래서 왔지, 적어도 자네가 받아 준다면 말이야. 이렇게 된 다음에 자네가 원치 않는다면, 그때에는 내가 사람들 중에서 가장 불행한 사람이 될 거야. 나는 아무것도 가진 것이 없게 될 테니까 말이야. 자네의 우정도 못가지고 가족 쪽에서 사랑을 못 받을 터이니까 말이네."

"그런 지경이 되었나? 오 내 야고보, 내 가엾은 야고보! 나는 형을 사랑하기 때문에 형이 그렇게 괴로워하는 것을 보고 싶지 않았어. 그러나 사람인 예수는 형과 같이 울고 있지만, 말씀인 예수는 형을 위해 매우 기뻐하고 있어. 이리 오게나. 나는 사람들 가운데 하느님을 모셔다 주는 기쁨이 점점 더 커져서 이 세상의 마지막 시간과 하늘의 영원한 시간에서 완전한 황홀에 이르리라는 것을 확신해."[3]

예수께서는 돌아서시며 마음을 써서 몇 미터쯤 떨어진 곳에 머물러 있는 제자들을 부르신다. "친구들, 오너라. 내 사촌 야고보가 이제는 내 친구 중에 끼이게 되었다. 그러니까 너희들의 친구이기도 하다. 아! 내가 어릴 적의 완전한 친구이고,

---

3　번역자는 프랑스어 동사에 경어와 반말의 구별이 없다는 사실을 적시하며, 예수와 야고보와 유다는 어릴 때 함께 자란 사촌 간이므로 제자가 되기 전에는 반말을 쓰는 것으로 했다가 제자가 된 다음에는 예수님께서는 반말을, 사촌들은 제자이므로 예수님께 경어를 쓰는 것으로 번역했다고 밝히고 있다.

어릴 적의 내 형제였던 이 사람을 위하여 이 시간을, 이 날을 얼마나 갈망했는지 모른다!"

제자들은 새로 온 사람과 며칠 동안 보지 못하였던 유다를 환영한다.

예수님은 작은 야고보 사도의 소원을 곧바로 들어주십니다. 이제, 그는 예수님의 사촌이라는 인척 관계에서 벗어나 제자가 된 것입니다. 유대의 교회 역사가 유세비우스(Eusebius, 263~339)는 콘스탄틴 대제의 명에 따라 초기 기독교의 역사를 기록으로 남겼습니다. 그는 작은 야고보 사도에 대해 "그는 아주 말수가 적은 제자였고, 기도하는 제자였다."라는 기록을 남겼습니다. 어쩌면 말수가 적었기 때문에 성경에 두드러진 기록이 나오지 않을 수도 있습니다. 아니면 다른 제자들이 떠들고 있을 때 그는 기도하고 있었을지도 모릅니다. 그가 예수님의 죽음과 부활 후에도 신앙을 유지했다는 사실은 그의 믿음이 굳건했음을 보여 주기에 충분합니다. 사도들 중에서 별다른 주목을 받지 못한 그의 생애는 현대의 평신도에게는 깊은 통찰을 일깨워 줍니다. 이름이 잘 알려지지 않은 사도들도 그리스도의 복음을 전파하는 데 중요한 역할을 했다는 근거가 되기 때문입니다.

성경에 작은 야고보가 순교했다는 내용은 없지만 초기 교회의 전승과 역사적 기록에 따르면, 그는 시리아로 가서 전도하다 다시 예루살렘으로 돌아와 서기 62~69년 사이에 예루살렘에서 바리사이파에 의해 죽음을 맞이합니다. 성전 꼭대기에서 그를 떨어뜨린 다음 돌로 쳐 죽였다고 합니다. 그가 톱에 잘려 죽었다는 전승도 있는데, 그래서 작은 야고보의 상징물은 톱입니다. 히브리인들이 그를 성전에 던져 죽였다는 기록은 1세기의 유대인 역사가였던 플라비우스 요세푸스(Flavius Josephus)의 『유대 고대사(Antiquities of the Jews)』에도 있습니다.[4] 작은 야고보 사도는 모직물 제조업자의 수호성인입니다. 그의 상징물은 톱과 방망이이며, 축일은 5월 3일입니다.

복음 말씀에 나타난 소원의 별

작은 야고보 사도는 예수님의 제자로 선택받았지만 그의 말과 행동이 성경에 등장하지는 않습니다. 예수님의 열두 제자 명단에 그의 이름이 나오지만 그가 한 일을 구체적으로 서술한 대목을 성경에서 찾기는 어렵습니다. 하지만 그는 있어야 할 자리에 항상 있었던 사람입니다. 그는 작은 야고보라는 별칭도 있었지만 예수님이 십자가에 못 박힐 무렵에도 사람들에게 별로 기억되거나 인정받지 못했습니다. 이런 점에서 그는 빛도 이름도 없이 예수님을 섬겼던 제자

---

4   송창현(2008). "예수님과 요세푸스." 가톨릭신학, 13, pp. 55-80.

였다고 할 수 있습니다.

그는 마치 "사랑도 명예도 이름도 남김없이~" 흔적도 없이 떠나 간 동지 같습니다. 작지만 꼭 필요한 사도였던 그는 12사도 중에서 가장 많은 기도를 올린 제자로 알려져 있습니다. 이런 점에서 '소원 의 집'에 꼭 맞는 인물이 작은 야고보 사도인 것 같습니다. 유대의 교회사가 유세비우스는 그를 '낙타의 무릎'이라 칭했는데, 기도를 많이 해서 무릎이 낙타 무릎처럼 굳은살이 쌓여 단단했다는 뜻이겠 습니다. 유세비우스는 그에 대해 다음과 같이 서술했습니다.

> "작은 야고보는 후일 매우 훌륭한 그리스도인이 되었다. 그 는 금욕적인 자기 수양에 누구보다도 힘썼던 제자였다. 열두 제자 중에서 가장 기도를 많이 한 제자가 작은 야고보다. 그 의 별명은 낙타의 무릎이다."

그는 작지만 강인한 사람이었습니다. 그를 뺀다면 12사도라는 제자 모임이 허전해질 것 같습니다. 그는 자기 자리에서 조용히 평 생토록 예수님을 섬겼다고 할 수 있습니다.

작은 야고보 사도는 매사에 조심스럽게 다가가는 진지한 성격이 었다고 전해집니다. 그가 처음에는 다른 제자들에 비해 두드러지 지 않은 제자였지만, 시간이 흐를수록 그의 진가가 드러납니다. 그 는 예수님이 부활하신 다음에 예루살렘의 주교 역할을 맡아 그리스도의 신앙을 열과 성을 다해 전파했습니다. 묵묵히 예수님의 가르침을 섬기며 예수님의 말씀을 세상 끝까지 전파하려 했으니, 마치 "등 굽은 소나무가 선산을 지킨다"는 우리 속담에 딱 맞는 인물 같습니다. 그는 그리스도교의 초기 신자들을 보살피는 중요한 역할도 했습니다. 그의 생애는 소원과 간구(懇求, 간절히 바람)로 요약할 수 있습니다.

> 성안에 들어간 그들은 자기들이 묵고 있던 위층 방으로 올라갔다. 그들은 베드로와 요한과 야고보와 안드레아, 필립보와 토마스, 바르톨로메오와 마태오, 알패오의 아들 야고보와 열혈당원 시몬과 야고보의 아들 유다였다. 그들은 모두, 여러 여자와 예수님의 어머니 마리아와 그분의 형제들과 함께 한마음으로 기도에 전념하였다. (사도행전 1, 13-14)

『사도행전』을 보면 기도에 전념하는 일화에 알패오의 아들 야고보라는 이름이 나옵니다. 예루살렘을 떠나지 말고 합심하여 기도하라는 예수님의 명령에 따라 마르코와 요한의 다락방에 모여 기도하는 장면입니다. 이때도 그는 말없이 있습니다. 그는 있어야 할 자리에 항상 있는 사람이었습니다. 교회사가 유세비우스는 예수님의 제자 가운데서 예수님을 가장 많이 닮은 제자가 작은 야고보였다고 기술했습니다.

청하여라, 너희에게 주실 것이다. 찾아라, 너희가 얻을 것이다. 문을 두드려라, 너희에게 열릴 것이다. 누구든지 청하는 이는 받고, 찾는 이는 얻고, 문을 두드리는 이에게는 열릴 것이다. (마태오 7, 7-8)

아무것도 걱정하지 마십시오. 어떠한 경우에든 감사하는 마음으로 기도하고 간구하며 여러분의 소원을 하느님께 아뢰십시오. 그러면 사람의 모든 이해를 뛰어넘는 하느님의 평화가 여러분의 마음과 생각을 그리스도 예수님 안에서 지켜 줄 것입니다. (필리피 신자들에게 보낸 서간 4, 6-7)

이 복음에서는 우리가 걱정과 두려움 대신 감사와 기도를 통해 하느님께 의탁해야 한다고 강조합니다. 작은 야고보 사도 역시 이 가르침을 전파했을 것입니다. 우리는 기도하고 간구함으로써 소원을 이루고 어려움을 극복할 수 있습니다. 이 말씀은 현대인에게도 큰 의미가 있습니다. 어려움에 직면했을 때 우리는 기도와 간구의 힘을 믿지 않을 수도 있지만, 그때마다 우리는 정성을 다해 기도해야 합니다. 기도와 간구가 변화된 삶으로 우리를 이끌어 주기 때문입니다. 복음 말씀처럼 우리는 기도와 간구를 통해 모든 것을 하느님에게 의탁하면 된다는 확신을 가져야 합니다.

작은 야고보 사도는 드러내지 않고 조용히 예수님 곁에 머무르고 싶다는 소원을 한시도 잊은 적이 없습니다. 그가 하늘나라에서 예수님과 함께 있고 싶다는 소원을 중시했듯이, 〈피에타〉 조각상에서도 예수님을 바라보는 성모님의 소원이 느껴집니다. 바티칸시국의 성베드로대성당에 가보면 정면 출입구의 오른쪽 벽 쪽에 미켈란젤로가 만든 〈피에타〉(1498~1499) 조각상이 있습니다. 미켈란젤로가 겨우 스물다섯 살의 청년일 때 완성한 걸작 조각품입니다. 예수님의 시신이 성모 마리아의 품에 안겨 있습니다. 피에타(Pietà)는 이탈리아어로 '자비' '슬픔' '연민'을 뜻합니다. 예수님의 상반신은 성모님의 무릎 위에 축 늘어져 있지만 하반신은 아직도 체온이 남아 있는 듯합니다. 성모님의 머리 수건이나 옷 주름을 비롯해 모든 부분이 너무나도 정교하고 섬세합니다. 단단한 대리석에 어쩌면 이토록 세심하게 표현했나 싶어 놀라울 따름입니다.

미술 평론가들은 아들을 잃은 어머니의 슬픔과 연민의 관점에서만 〈피에타〉를 해석하는 경우가 많습니다. 인체를 가장 아름답게 표현한다는 콘트라포스토(contraposto) 자세를 바탕으로, 처참하게 축 늘어진 아들의 시신과 그것을 바라보는 어머니의 시선을 편안한 삼각형 구도에 완벽하게 구현한 작품이니, 평론가들의 해석은 타당합니다. 하지만 이 조각상을 정면이 아닌 측면에서 바라보면 다르게 해석할 수도 있겠습니다. 45도 각도에서 조각상을 바라보면 아

피에타(1498~1499, 미켈란젤로), 174×195cm 대리석, 바티칸 성베드로대성당 소장

들의 죽음이 슬프지만 슬픔을 초월하려고 애쓰는 성모님의 눈빛이 보입니다. 아들은 죽었지만 하늘에 올라 다시 만날 날을 기다리며 소원을 빌고 있는 것 같습니다. 정면에서 보면 고개 숙인 성모님의 슬픈 표정만 보이지만, 옆면에서 보면 아들이 큰일을 했을 때 대견해하는 보통 어머니들의 표정도 엿보입니다. 성모 마리아의 마음속에는 소원의 별 하나가 떴을지도 모를 일입니다.

김광섭 시인의 「저녁에」(1969)라는 시는 "저렇게 많은 중에서 별 하나가 나를 내려다 본다"로 시작해서 "어디서 무엇이 되어 다시 만나랴"로 끝납니다. 가수 유심초 씨가 노래로 만들어 더 널리 알려진 시입니다. 시에서는 헤어지는 쓸쓸한 결말이 있더라도 언젠가 다시 만날 날을 기약하자는 소원을 표현했습니다. 우리도 밝음 속에 사라지거나 어둠 속에 사라지는 경우에 직면한다면, 절망하지 말고 기도하며 모든 것을 하느님의 판단에 맡겨야 합니다. 작은 야고보 사도의 생애를 생각하며 기도해야 합니다. 순례의 경험은 각자가 어떻게 기도하고 소원을 간구할 것인지 성찰하는 계기가 될 것입니다. '소원의 집'을 방문하는 분들이 복음 말씀에 나타난 소원의 별 하나를 자기 삶에 적용하면 꿈을 이룰 것입니다. 그럼에도 우리는 바라는 소원이 혹시 자신만을 위한 것은 아닌지 성찰하며 모든 것을 하느님께 의탁하고 기다려야 합니다.

10 유다 타대오 사도와 칭찬의 집

뫼 산(山) 자를 써 놓은 것 같은 '칭찬의 집' 전경 ⓒ 김병희

그곳에 가서 칭찬만 생각하세요

소악도에서 노둣길을 지나 선착장에 도착하면 10번 '칭찬의 집'이 방문객을 반기는 듯 뾰족지붕 네 개가 '여기요' '여기요' 하며 손을 흔들고 있습니다. 위치는 전라남도 신안군 중도면 병풍리 진섬의 소악도 노둣길 삼거리입니다. 소악도와 진섬을 연결하는 노둣길 끝에 있는 이 집은 유다 타대오 사도를 기리기는 뜻에서 손민아 작가가 건축했습니다. 진섬에 있는 송공항에서 가장 가까운 기도 공간인 이곳은 과거에 쓰레기 처리장이었습니다. 사람들이 피하던 곳을 작가가 뾰족한 삼각형 지붕이 네 개 있는 하얀 집으로 바꿔 놓자, 사람들이 모여 들었습니다. 작가는 지붕이 각각 다르지만 전체 공간은

삼각형 지붕은 네 개지만 실내 공간은 하나인 집 © 신안군

하나인 집에서 사람들이 서로 칭찬하는 마음을 가지라는 바람을 담아 집을 지었다고 합니다.

지붕 위로 뾰족하게 솟아오른 모양은 마치 뫼 산(山) 자를 써 놓은 것 같습니다. 뾰족지붕에서 흘러내린 곡선은 부드럽게 이어지며 산 네 개를 만들었습니다. 더욱이 뾰족지붕의 삼각형 밑변에 맞춰 창을 냈는데, 파랗게 칠한 탓에 참 앙증맞게 느껴집니다. 사람들이 외면하던 쓰레기 처리장은 멋진 건축 작품이 들어서자 소공원으로 변신한 셈입니다. 이 집은 길이 갈라지고 모이는 교차로를 상징적으로 표현했습니다. 살아가는 동안 우리는 여러 갈래의 길을 만나 상심할 때도 있습니다. 그때마다 상대방을 헐뜯고 비난하지 말고 서로가 서로를 칭찬하자는 마음을 다졌으면 좋겠습니다. 하얗고 멋진

바다를 바라보며 사진을 찍도록 설치한 창 ⓒ 김병희

10 유다 타대오 사도와 칭찬의 집

건축 작품만 보지 말고, 마음도 하얗고 깨끗하게 매만져야 합니다.

이 집은 건축 예술품 전체가 양탄자 위에 놓여 있는 것 같습니다. 집의 골조를 올리기 전에 넓은 직사각형의 바닥 공사를 먼저 마치고, 나중에 골조를 올렸기에 양탄자 효과가 납니다. 집이 중앙에 있고 사방에 오리엔탈 타일이 카펫처럼 깔려 있으니 세련미가 넘쳐납니다. 집 주변에는 온갖 나무와 털머위 같은 해안 식물이 자라고 있어 시간이 흐를수록 운치가 더해 갈 것입니다. 출입문 앞에서부터 타일 카펫이 드넓게 펼쳐져 있고 정원도 멋스러워, 어디에서도 보지 못한 풍경화 한 폭을 감상하는 듯합니다. 주변의 숲과 정원에서 소악도의 갯벌과 바다를 바라보면 또 다른 풍경화 한 폭이 눈앞에 펼쳐집니다.

오리엔탈 타일 바닥에 놓인 커다란 나무판 ⓒ 신안군

파스텔 톤의 출입문은 차분한 느낌을 줍니다. 문을 열고 안으로 들어가면 기도할 수 있는 자리도 마련돼 있습니다. 작은 창이 먼저 눈에 띕니다. 작은 창으로 바라보는 바다는 액자 속에 담긴 그림 같습니다. 아니, 그림입니다. 실내에는 바다 쪽을 향해 사진을 찍을 수 있는 창틀이 있어 포토 존으로도 인기가 높습니다. 바닥에 깔린 타일은 비잔틴의 건축 양식에 자주 등장하는 문양인 듯합니다. 마치 카펫을 깔아 놓은 듯 한군데도 빠짐없이 촘촘하게 타일로 장식했습니다. 한쪽 창 위쪽에 십자가가 걸려 있고, 아래쪽에는 촛대와 기도대가 있습니다. 그리고 바닥에는 커다란 나무판을 놓아 두었습니다.

창문 바로 밑에 놓인 촛대와 기도대 ⓒ 김병희

꼭대기의 지붕 넷이 크기와 모양은 각각 다르지만 지붕 밑에서는 하나로 모여 내부는 하나의 공간입니다. 마치 한 부모에서 태어난 형제자매 같습니다. 우리는 네 개의 지붕처럼 살아가는 방식이나 가치관이 다를지라도, 상대방을 칭찬하고 배려하는 마음을 하나로 모을 역량이 충분합니다. "칭찬은 고래도 춤추게 한다"고 했습니다.[1] 칭찬은 자신감을 키워 주는 원천입니다. '칭찬의 집'에 머무르는 동안, 모든 분이 종교를 초월해 유다 타대오 사도가 알려 준 칭찬의 메시지를 가슴에 새기면 좋겠습니다.

유다 타대오 사도의 생애와 교훈

유다 타대오(다대오, Iudas Thaddaeus, Jude Thaddaeus) 사도는 요셉 성인의 친동생인 알패오의 아들이자 작은 야고보의 친형입니다. 예수님을 팔아넘긴 유다 이스카리옷과는 다른 사람입니다. 유다는 '존경받는' 또는 '찬미하리'라는 뜻이며, 타대오는 '마음이 크고 넓다' 는 뜻입니다. 그는 예수님의 사촌 형이었지만 예수님을 섬긴 제자 이기도 했습니다. 성경에서는 예수님을 배신한 유다 이스카리옷과 구분하려고, 그에 대해 '다른 유다'나 '알패오의 아들' 또는 '타대오'라

---

1   켄 블랜차드, 타드 라시나크, 처크 톰킨스, 짐 발라드 저, 조천제 역(2018). 『칭찬은 고래도 춤추게 한다』. 서울: 21세기북스.

유다 타대오 사도(1621, 안토니 반 다이크), 65×49.6cm
유화, 오스트리아 비엔나 빈미술사박물관 소장

는 별명을 덧붙입니다. 예수님은 어린 시절에 유다 타대오와 작은
야고보와 한 동네에서 함께 지냈습니다.

마리아 발또르따가 환시를 받아 쓴 『하느님이시요 사람이신 그리
스도의 시』 제2권에는 예수님더러 카나의 혼인 잔치에 참석하라는
성모 마리아의 말씀을 전하기 위해 유다 타대오가 예수님을 찾아오
는 장면이 나옵니다. 그는 키가 컸고 눈은 연보랏빛이었으며 굽슬굽
슬한 갈색 머리카락을 지닌 늠름한 미남자로 묘사돼 있습니다. 예수

님의 사촌형인 유다 타대오가 예수님을 다시 만나서 그동안의 번민에 대해 설명한 다음 예수님의 제자가 되는 과정은 이렇습니다.[2]

안드레아가 들어와서 말한다. "선생님, 선생님 댁 가까이 산다는 사람이 선생님의 사촌이라고 하는 분과 같이 여기 왔습니다."

예수께서는 일어나서 문쪽으로 가시며 "오라고 일러라" 하고 말씀하신다. 그리고 기름등잔과 화덕의 불빛으로 유다 타대오가 들어오는 것을 보시고는 "아니, 유다 형이!"

"예수야, 나다." 그러면서 그들은 서로 입맞춤을 한다.

유타 타대오는 남성미의 절정에 있는 미남자이다. 예수만큼 크지는 않지만 키가 크고 늠름하고 균형이 잘 잡혔으며, 성 요셉이 젊었을 때 모양으로 머리카락이 갈색이고, 얼굴빛은 올리브 빛깔이지만 흐리지는 않으며, 눈은 예수의 눈과 약간 공통점이 있다. 파란 빛깔을 띠었기 때문이다. 그러나 거의 연보랏빛이다. 네모진 수염은 갈색이고, 머리카락은 굽슬굽슬하지만 예수의 머리카락보다는 덜 컬[3]이 되었고, 수염

과 같이 갈색이다.

"나는 가파르나움에서 왔어. 배를 타고 왔지. 더 빨리 오려고 여기까지 배를 타고 왔다. 네 어머니가 나를 보내시면서 '수산나가 내일 혼인하니까 아들아, 이 혼인잔치에 참석하라고 초청한다' 하고 이르라고 하셨다. 마리아가 너희를 초대하고 내 어머니와 내 형제들도 같이 올 것이다. 모든 친척이 초대를 받았는데, 너만이 빠졌다. 그래서 그들 친척들이 너더러 신랑신부를 기쁘게 해 주라고 부탁한다."

예수께서는 팔을 좀 벌리시며 고개를 약간 숙이신다. (……)

유다는 예수를 주의 깊게 바라보고, 곰곰이 생각하다가 말한다. "나도 네가 받아들이면 꼭 너와 같이 모두들 있는 데로 가겠다……. 네가 옳은 말을 한다고 생각하기 때문이다. 내 무분별과 내 형제들의 무분별을 용서해라. 너는 우리들보다 정말이지 훨씬 더 거룩하다……."

유다 타대오 사도는 '최후의 만찬(Ultima Cena)'을 하던 도중에 어떻게 하면 복음 말씀을 잘 전파할 수 있는지 현실적인 방법을 예수님께 물었습니다. 예수님의 사랑과 복음 말씀을 세상과 신자들에게 어떻게 전해야 하는지에 대한 본질적이고 중요한 질문이었습니다. 그는 예수님이 십자가에 못 박혀 돌아가시고 묻히신 다음에도 복음을 전파하는 일에 열정을 다 바쳤습니다. 그는 자신의 이름은 드러내지 않고 예수님의 이름을 빛나게 하는 일에 남은 생애를 바쳤습니다.

전승에 의하면 그는 성령 강림 이후 시몬과 함께 시리아와 메소포타미아에서 복음을 전파했고 페르시아 제국에 가서 포교 활동을 했다고 합니다. 이 과정에서 현지의 신상을 파괴한 일이 있었는데, 페르시아 사람들은 자신들이 섬기던 신상이 부서지자 분노해 그를 포박해 죽였다고 합니다. 십자가형에 처해졌다는 설도 있고, 활에 맞아 벌집이 돼서, 돌에 맞아서, 도끼에 찍혀 순교했다는 설도 있습니다. 그리고 유다 타대오 사도와 시몬 사도가 3,500여 명의 그리스도 교인과 함께 매장됐다는 설도 있습니다. 따라서 그가 순교한 것은 사실이지만 어떻게 죽었는지에 대한 정보는 불분명합니다. 유다 타대오 사도는 절망적인 상황, 병원, 아르메니아, 상트페테르부르크의 수호성인입니다. 그의 상징물은 도끼, 노, 메달, 배, 몽둥이이며, 축일은 10월 28일입니다.

복음 말씀에 나타난 칭찬의 물

유다 타대오라는 이름에서 타대오는 '가슴을 두드리는 자'를 뜻합니다. 아마도 그는 열정적인 사람이었을 듯합니다. 그의 성격에 대한 직접적인 설명은 성경에 많지 않지만, 그의 질문과 행동을 통해 약간은 엿볼 수 있습니다. 그는 예수님을 팔아넘긴 유다 이스카리옷과는 전혀 다른 삶을 살았습니다. 『요한복음』을 보면 그가 예수님께 질문하는 대목이 나옵니다. 제자들에게는 주님 자신을 드러내면서도 세상에는 드러내지 않겠다니 도대체 무슨 까닭이 있느냐는 질문이었습니다. 보다 구체적인 내용은 이렇습니다.

> 이스카리옷이 아닌 다른 유다가 예수님께, "주님, 저희에게는 주님 자신을 드러내시고 세상에는 드러내지 않으시겠다니 무슨 까닭입니까?" 하자, 예수님께서 그에게 대답하셨다. "누구든지 나를 사랑하면 내 말을 지킬 것이다. 그러면 내 아버지께서 그를 사랑하시고, 우리가 그에게 가서 그와 함께 살 것이다. 그러나 나를 사랑하지 않는 사람은 내 말을 지키지 않는다. 너희가 듣는 말은 내 말이 아니라 나를 보내신 아버지의 말씀이다. (요한 14, 22-24)

이 질문은 그가 예수님의 가르침을 깊이 이해하려고 진지하게 노력했다는 사실을 알려줍니다. 유다 타대오 사도와 칭찬이란 주제의 관련성을 파악하려면, 그의 이름이 가진 의미와 그의 질문에서 힌트를 얻을 수 있습니다. 타대오라는 이름은 '마음이 크고 넓다'는 뜻이니, 그는 크고 넓은 마음으로 늘 칭찬하는 마음을 가졌을 듯합니다. 그의 이름이나 생애를 살펴볼 때 그는 칭찬과 긍정을 인생의 중요한 가치로 생각하고 계속 칭찬의 물을 주며 살았다고 추론할 수 있습니다. 그의 질문은 또한 예수님의 가르침에 대한 깊은 존경심과 칭찬하는 마음을 나타내고 있습니다. 복음에서 알 수 있듯이 그는 예수님의 가르침을 따르고 깊이 이해하려고 노력했습니다.

"세상에는 수많은 물고기가 있다(There are a lot of fish in the world)." 영국인들이 자주 쓰는 영국 속담입니다. 세상에는 각양각색의 사람들이 있으니 자신의 기준에 맞춰 상대방을 평가하지 말고, 상대방의 입장에서 생각하며 다름과 차이를 인정하라고 조언할 때 자주 인용되는 속담입니다. 역지사지(易地思之)의 영국식 표현이라고 할 수 있는데, 결국 상대방에게서 칭찬할 만한 그 무엇을 발견하라는 뜻과 같습니다. 상대방의 입장에 서서 '좋은 다름'과 '좋은 차이'를 발견한다면 곧바로 상대방을 격려하고 칭찬해 줘야 합니다. 우리는 타인의 장점을 발견하고 상대방을 칭찬하려고 노력함으로써 그들과의 관계를 풍요롭게 가꾸고 유지할 수 있습니다.

소화 데레사 성녀는 참된 애덕이란 다른 사람의 결점을 모두 참아 견디고, 그들의 약함을 이상하게 여기지 않고, 그들이 행하는 조그만 덕행까지도 본보기로 삼아야 한다고 하였습니다. 즉, 칭찬할 것이 적은 사람이라 할지라도 그들에게 있는 아무리 작은 장점이라 할지라도, 크게 생각하고 마음으로부터 칭찬해야 한다는 뜻입니다. 소화 데레사 성녀는 다른 사람의 결점에도 칭찬해야 한다고 했지만, 그보다 오래 전에 사도 바오로(바울)는 예수님을 위해서라면 자신의 약함도 모욕도 달갑게 여기고 스스로 칭찬해야 한다고 했습니다.

그러나 주님께서는, "너는 내 은총을 넉넉히 받았다. 나의 힘은 약한 데에서 완전히 드러난다." 하고 말씀하셨습니다. 그렇기 때문에 나는 그리스도의 힘이 나에게 머무를 수 있도록 더없이 기쁘게 나의 약점을 자랑하렵니다. 나는 그리스도를 위해서라면 약함도 모욕도 재난도 박해도 역경도 달갑게 여깁니다. 내가 약할 때에 오히려 강하기 때문입니다. (코린토 신자들에게 보낸 둘째 서간 12, 9-10)

전승에 의하면 사도 바오로(바울)는 작은 키에 등이 굽었고 대머리였다고 합니다. 그는 다마스쿠스로 가는 길에 눈이 멀어 예수님의 음성을 듣고 회심(回心)한 다음, 그리스도교에 대한 박해를 멈추고 기독교에 헌신했습니다. 그의 탁월한 학식과 담대한 성격에서 보면 열등감이 없었으리라 생각되지만 코린토 지역에서 선교할 때 그에게 적대적인 사람들 때문에 깊은 모멸감을 느꼈습니다. 그는 환상이나 계시의 경험이 적다는 이유로 코린도 지역의 교인들로부터 조롱받기도 했습니다. 그럼에도 그는 그리스도의 능력이 자신에게 머무르게 하려고 더없이 기쁘게 약점을 자랑하겠다고 했습니다. "약할 때에 오히려 강하기 때문"이라는 그의 고백은 우리 모두에게 깊은 울림을 줍니다. 약할 때에 오히려 강해진다는 스스로에 대한 칭찬 메시지는 지난 2000여 년 동안 수많은 사람을 절망에서 희망으로 일으켜 세웠을 것입니다.

칭찬이라는 주제는 우리 모두가 자신의 신앙에서 예수님의 가르침을 존중하고 칭찬해야 한다는 사실을 환기합니다. 칭찬이란 개념은 우리가 하느님을 찬양하거나 타인의 좋은 행동을 인정하고 격려하는 행위로 이해해도 무방합니다. 우리는 유다 타대오 사도의 생애를 생각하면서, 우리가 마주하는 일상생활에서도 주변 사람들을 격려하고 칭찬할 필요가 있습니다. 이는 서로에게도 긍정적인 영향을 미치지만 공동체의 연대감을 강화하는 데도 상당한 영향을 미치게 됩니다.

다른 사람의 좋은 행동을 인정하고 격려하는 데 돈이 들어가는 것도 아닙니다. 칭찬은 상대방에게 보내는 긍정적인 피드백이며, 다른 사람의 노력과 능력을 인정함으로써 그들이 더 잘할 수 있도록 동기를 부여하는 방법입니다. 상대방을 칭찬하면 더 좋은 행동을 장려하고 상대방의 자신감을 높여 주는 동시에 개인의 성장과 발전을 도와주는 결과를 낳습니다. 그렇게 하면 개인은 물론 공동체 전체의 복지와 성장에도 기여합니다. 현대인들은 자신의 생활에서 칭찬의 중요성을 인식하고 반드시 실행해야 합니다. 작은 일에 대한 칭찬조차도 칭찬받는 사람에게는 큰 의미로 다가갑니다.

> 나는 잘못한 것이 없음을 압니다. 그렇다고 내가 무죄 선고를 받았다는 말은 아닙니다. 나를 심판하시는 분은 주님이십니다. 그러므로 주님께서 오실 때까지 미리 심판하지 마십시

오. 그분께서 어둠 속에 숨겨진 것을 밝히시고 마음속 생각을 드러내실 것입니다. 그때에 저마다 하느님께 칭찬을 받을 것입니다. (코린토 신자들에게 보낸 첫째 서간 4, 4-5)

이 복음 말씀은 남을 비난하거나 심판하지 말아야 하느님으로부터 칭찬을 받는다는 가르침을 줍니다. 복음 말씀처럼 우리는 서로를 칭찬하고 서로를 존중하는 사랑의 행동을 실천해야 합니다. 서로가 서로를 존중하고 서로에게 사랑하는 마음을 적극적으로 나타내는 칭찬 행위는 개인의 삶은 물론 공동체의 삶에도 긍정적인 영향을 미칩니다. 칭찬은 감사와 인정의 표현인 동시에 서로의 관계를 강화하고 서로에 대한 존경과 애정을 표현하는 효과적인 방법입니다. 그런데도 칭찬에 인색하고 비난만 일삼는다면 너무 안타까운 일입니다.

칭찬은 서로 서로 상호작용을 유발함으로써 각자를 성장하도록 하는 긍정의 에너지입니다. 유다 타대오 사도는 예수님의 사랑 안에 기거하며 하나님의 사랑을 알지 못하는 사람들을 위해 자신의 생애를 바쳤습니다. 그는 항상 칭찬의 메시지를 전하는 가슴이 따뜻했던 사람이었습니다. '칭찬의 집'을 방문하는 분들은 칭찬이 얼마나 강력한 힘을 지니는지 칭찬 메시지의 위력에 공감하며 주변 사람들에게 칭찬의 물을 주어야 합니다. 칭찬하는 말 한마디는 어떤 이의 인생을 결정할 정도로 깊은 영향을 미치기 때문입니다.

11 시몬 사도와 사랑의 집

파도소리와 바람소리가 관통하는 '사랑의 집' 전경 ⓒ 신안군

그곳에 가서 사랑을 전해 보세요

소악도의 진섬 안쪽으로 5분 정도 걸어가면 솔숲 해변에 11번 '사랑의 집'이 나옵니다. 위치는 전라남도 신안군 중도면 병풍리의 진섬 솔숲입니다. 집 가운데가 프랑스 파리의 개선문 비슷하게 뚫려 있어 실내외 공간이 구분되지 않는 개방형 구조입니다. 출입문이 생략되니 모든 공간이 바다로 열려 있어 바다로 나아가는 느낌이 듭니다. 강영민 작가가 시몬 사도를 기리기 위해 만든 작품입니다. 집 앞에 서면 바다가 훤히 내려다보입니다. 그곳에서 바라보는 낙조도 일품입니다. 모든 공간이 바다로 열려 있어 파도소리와 바람소리가 집 중앙을 관통하는데, 마치 자연을 안으로 받아들이려는 자세입니

토끼 귀처럼 솟아오른 '조는 하트' 캐릭터 ⓒ 김병희

다. 쭉쭉 뻗은 울창한 해송들은 집 뒤쪽에서 서로들 키 재기를 하고 있습니다.

집의 정면에서 보면 꼭대기 양쪽에 두 개의 공간이 솟아 있는데 마치 토끼 귀처럼 발딱 서 있습니다. 주황색을 칠한 작은 창문도 귀여워 보입니다. 토끼 귀처럼 솟아오른 공간 중앙에 하트 두 개를 합친 조형물이 설치돼 있는데 눈이 반쯤 감겨 있습니다. 작가의 대표작인 '조는 하트(sleeping heart)' 캐릭터입니다. 잠들기 직전의 상태를 표현한 '조는 하트'는 삶과 죽음 혹은 인간과 자연의 경계를 상징한다고 합니다. 두꺼운 벽의 여기저기에 설치된 스페인 산티아고풍의 조개껍질 부조도 눈길을 사로잡습니다. 진주를 품은 조개의 아픔처럼 사랑도 아픔과 인내를 통해 얻을 수 있다는 사실을 은유적으로 표현했다는 것이 작가의 창작 의도입니다.

집 뒤쪽의 의자에 앉아 바다를 바라보고 있노라면 만사를 잊게 됩니다. 해질 무렵의 낙조를 놓치지 마십시오. 집 뒤쪽에 있는 의자에 앉아 바다를 배경으로 사진을 찍으면 인생 샷을 얻을 것입니다. 색다른 프레임을 찾는다면 집 안쪽으로 들어가 창문에 카메라를 대고 촬영해 보십시오. 카메라를 대면 바다와 하늘이 집의 일부가 되어 알아서 다가올 것입니다. 집 뒤쪽의 벽에 걸쇠가 걸려 있는데 솔바람 숲속에 누웠다 쉬어가라는 뜻이 아닐까 합니다. 이 집의 기도대는 특이하게도 벽에 걸린 선반처럼 벽에 매달려 있습니다. 기도한 다음에 앞쪽 작은 창으로 바라보는 해변 풍경은 기도하기 전에 봤던

색다른 프레임으로 사진을 찍을 수 있는 창문 ⓒ 신안군

벽에 설치된 산티아고풍의 조개껍질 부조 ⓒ 신안군

선반처럼 벽에 매달려 있는 기도대 ⓒ 신안군

풍경과는 확실히 달라 보입니다.

고(故) 김수환 추기경께서는 평생 '밥'으로 살고자 했습니다. "사랑은 자신을 내 주는 것이다." 이 육성처럼 밥은 사랑(밥=사랑)이라는 은유적 표현입니다. "나눌 것이 없다면 함께 울어 주는 것만으로도 그들에게 밥이 될 수 있다." 김 추기경께서 자주 강조했던 밥은 종교를 초월해 자신의 한평생을 집약한 화두였습니다. "밥이 되고 싶습

11 시몬 사도와 사랑의 집

니다." 이 짧은 문구는 김 추기경께서 1989년 서울세계성체대회 때 평화는 내가 남에게 '밥(사랑)'이 돼 줄 때 이루어진다며 하신 말씀입니다.[1] 김 추기경께서 선종하자 나눔과 장기 기증에 대한 사회적 관심이 한층 높아졌습니다. 2009년의 언론 보도를 보면 김 추기경이 남긴 '사랑의 바이러스' 때문에 기부 문화가 확산됐다는 사실을 알 수 있습니다.[2]

모든 분이 '사랑의 집'에 머무르는 동안에 자신을 내 주는 사랑에 대해서도 생각해 보시면 좋겠습니다. 이 집이 어떤 분에게는 완성된 사랑의 집이 되고, 한창 뜨거운 연인에게는 사랑의 개선문이 되고, 사랑 때문에 아파하는 분에게는 치유의 공간이 될 수도 있겠습니다. 종교를 초월해 시몬 사도가 알려 준 사랑의 의미를 솔숲 해변을 걸으며 가늠해 보는 것도 좋겠습니다.

시몬 사도의 생애와 교훈

시몬(시몬, Simon Cananeus, Simon the Zealot) 사도는 민족에 대한 열망을 예수님께 바친 제자입니다.[3] 시몬 베드로 사도와 동명이인

---

1 김원철(2004. 6. 27.). "추기경 김수환 이야기 56: 제44차 서울세계성체대회." 가톨릭평화신문, 779호.
2 문화일보(2009. 12. 8.). "사설: 사랑과 나눔의 문화, 2009년 새 지평." 문화일보.
3 이동원(2010). 『열두 문 열두 돌: 12지파 12제자 연구』. 서울: 나침반.

시몬 사도(1611, 루벤스), 107.5×82.5cm 유화,
스페인 프라도미술관 소장

인 그는 사회적·정치적 견해차를 뛰어넘어 예수님을 따르기로 결
심했습니다. 신앙이 얼마나 강력한 변화를 가져올 수 있는지를 보
여 주는 사례입니다. 그는 부유한 집안의 여자 노예에게서 태어났
다고 합니다. 예수님께서 나병에 걸린 그를 치유하자 그는 곧바로
예수님의 제자가 되겠다고 자청합니다. 그는 매우 지적인 사람이었
고 마리아와 마르타의 오빠인 라자로와 친한 사이였는데, 나중에 라
자로를 예수님께 소개하기도 합니다.

마리아 발또르따가 환시를 받아 쓴『하느님이시요 사람이신 그리스도의 시』제2권에서는 예수님과 시몬이 처음 만나 예수님이 그의 문둥병(나병)을 낫게 하는 기적을 일으키는 장면을 이렇게 기술하고 있습니다.[4]

온몸을 싼 한 남자가 소유지의 경계 바로 옆에 수평돌출부 (水平突出部)를 받치고 있는 투박한 작은 담장에 기대 서 있다. 그 사람은 작은 개울을 끼고, 소유지 가장자리를 따라 난 오솔길로 해서 올라왔을 것이다. 그에게로 향하여 오시는 예수님을 보자 그 사람은 외친다. "물러가세요, 물러가세요! 그렇지만 불쌍히 여겨 주기도 하세요!" 그리고 옷을 떨어지게 놓아 두면서 몸통을 드러낸다.

얼굴은 벌써 딱지투성이지만, 몸통은 온통 헌데로 얼룩져 있다. 깊이 파인 헌데들도 있고, 붉은 덴 자국 같은 것들도 있고, 어떤 것들은 그 위에 유리가 붙어 있는 것처럼 희끄무레한 반투명의 것이다.

"당신은 문둥병자로군요! 나더러 어떻게 해 달라는 것입니까?"

4 　마리아 발또르따 저, 안응렬 역(1989).『하느님이시요 사람이신 그리스도의 시』제 2권. 서울: 가톨릭 크리스챤. pp. 87-89.

"저를 저주하지 마시고, 저를 돌로 쳐 죽이지 마세요! 어제 저녁 선생님은 하느님의 목소리와 은혜를 가져오는 분 모양으로 나타나셨다고 사람들이 말해 주었습니다. 선생님은 선생님의 표를 높이 쳐들어서 무슨 병이든지 다 낫게 하신다는 것을 증명하셨다는 말도 들었습니다. 그 표를 제 위에 쳐들어 주십시오. 저는 저기……. 무덤들 있는 데서 왔습니다. 들키지 않고 여기까지 오느라고 개울가의 가시덤불 사이로 뱀처럼 기어 왔습니다. (……) 앞으로 더 오지 마세요! 더 오지 마세요! 저는 더럽혀졌습니다!"

그러나 예수께서는 앞으로 나아가신다. 예수께서 어떻게나 측은한 눈길로 그 사람을 바라보셨던지 그 사람은 울기 시작한다. 그는 무릎을 꿇고 얼굴을 거의 땅에 대고 "선생님의 표를! 선생님의 표를!" 하고 부르짖는다.

"때가 되면 나타날 것이오. 그러나 당신에게는 이렇게 말합니다. 일어나시오. 병이 나으시오. 내가 그렇게 되기를 명하오. 그리고 나를 위하여 이 도시에서 표가 되어 주시오. 이 도시는 나를 알아야 합니다. 일어나라니까요! 그리고 하느님께 감사하는 마음으로 다시는 죄짓지 마시오!"

그 사람은 천천히 천천히 일어난다. 그는 마치 수의 속에서 빠져나오는 것과 같이 키 크고 꽃이 핀 풀들 사이로 모습을 드러낸다……. 그는 나았다. 그는 마지막 햇빛에 자기 몸을 들여다본다. 그는 나았다. 그는 외친다. "제가 깨끗해졌습니다! 아 이제는 선생님을 위해 어떻게 해야 합니까?"

그의 별명인 지알랏(the Zealot)은 '열심'과 '열혈'이란 뜻인데, 그가 속한 집단은 로마의 통치에 반대하며 때로는 폭력을 동원해 이스라엘의 독립을 추구한 정치 운동 집단이었다고 할 수 있습니다. 그가 어떤 정치 활동을 했을 수도 있었겠지만 나병환자인 상태에서 적극적으로 활동하지는 못했을 것입니다. 성경에도 구체적으로 나타나지 않습니다. 그가 정치적 열정을 가졌을 수도 있지만 예수님의 제자가 된 다음부터는 정치와는 담을 쌓고 예수님의 말씀을 전파하는 데 열정을 다 바쳤을 것 같습니다.

그의 죽음에 관한 사실은 명확히 알려져 있지 않습니다. 여러 전승에 따르면 그는 서기 1세기 말이나 2세기 초반에 전도하는 여정에서 순교했다고 합니다. 어떤 전승에서는 그가 페르시아에서 순교했다고 하며, 또 다른 전승에서는 그가 아르메니아에서 십자가에 걸려 순교했다고 주장합니다. 기둥에 거꾸로 매달려 톱으로 몸을 세로로 자르는 잔혹한 형벌을 당해 순교했다고 전해집니다. 톱이 상징물이 된 이유가 있습니다. 시몬 사도는 테너와 톱질하는 사람의 수호성인입니다. 그의 상징물은 톱과 책이며, 축일은 10월 28일입니다.

복음 말씀에 나타난 사랑의 씨

열혈당원(the Zealot)은 로마의 유대 지배에 반대하며, 때로는 폭력을 포함한 수단을 동원하여 유대 독립을 추구했습니다. 이런 배경으로 미루어 보아, 열혈당원 시몬 사도는 젊었을 때 강렬하고 열정적인 성격을 가진 인물이었을 것입니다. 그러나 그는 비교적 나이가 많이 든 상태에서 자신의 나병을 치유해 주신 예수님을 따르기 시작한 다음부터 생활 방식과 가치관을 바꿨을 것입니다. 그는 뒤늦게 예수님의 사랑과 평화의 말씀을 받아들이고 실천했습니다.

열혈당원 시몬 사도와 사랑과의 구체적인 관련성을 말하자면, 그는 예수님의 가르침을 따르는 모든 사도와 마찬가지로 이웃을 자신만큼 사랑하라는 가르침을 받아들였습니다. 그는 사도로서의 삶을 선택함으로써 세상에 '사랑의 씨'를 뿌리려고 노력했습니다. 그의 변화는 우리 모두에게 중요한 교훈으로 다가옵니다. 우리는 어떤 상황에서도 변화할 수 있고 사랑의 씨를 뿌려 세상에 긍정적인 영향을 미칠 수 있다는 교훈입니다. 그는 예수님의 말씀에서 사랑이 가장 중요하다고 생각했으며, 복음을 전파하는 과정에서도 사랑이라는 가치를 가장 강조했습니다.

"스승님, 율법에서 가장 큰 계명은 무엇입니까?" 예수님께서 그에게 말씀하셨다. "네 마음을 다하고 네 목숨을 다하고

네 정신을 다하여 주 너의 하느님을 사랑해야 한다." 이것이
가장 크고 첫째가는 계명이다. 둘째도 이와 같다. "네 이웃을
너 자신처럼 사랑해야 한다."는 것이다. 온 율법과 예언서의
정신이 이 두 계명에 달려 있다. (마태오 22, 36-40)

이 복음 말씀은 우리가 이웃에게 베풀어야 할 사랑의 가치에 대해
설명합니다. 사랑은 자신의 이익이나 욕망에 초점을 맞추는 것이
아니라, 어려운 이웃에 관심을 가져야 하고, 모든 이를 공평하게 대
해야 하며, 서로 돕고 지지해야 함을 의미합니다. '사랑의 집'이라는
이름은 사랑의 가르침에 따라 열혈당원 시몬 사도의 삶이 변화했음
을 상징적으로 보여 주고 있습니다. 사랑의 집은 예수님의 가르침
을 따르며 사랑으로 이웃에게 다가가는 모든 이를 기리는 공간일 것
입니다. 열혈당원 시몬은 사랑의 가르침을 받아들이고 그에 따라
살았음을 우리는 기억해야 합니다.

내가 너희에게 새 계명을 준다. 서로 사랑하여라. 내가 너
희를 사랑한 것처럼 너희도 서로 사랑하여라. 너희가 서로 사
랑하면, 모든 사람이 그것을 보고 너희가 내 제자라는 것을
알게 될 것이다. (요한 13, 34-35)

현대인들이 이 복음 말씀을 어떻게 이해하고 받아들여야 할까요?

현대 사회에서 개인주의와 이기주의가 강조되는 상황에서 사랑은 더욱더 중요합니다. 예수님의 이 가르침은 우리 모두가 서로에게 더 배려하고 사랑을 베풀라는 뜻이며, 그 사랑이 가정과 사회에도 널리 퍼져야 한다는 뜻입니다. "사랑하라, 서로 사랑하라, 더욱 사랑하라." 짧은 인생에 미워할 시간이 없습니다. 세상에서 소중한 금 세 가지는 황금, 소금, 지금이란 말도 있지만, 셋 중에서 가장 소중한 금은 지금입니다. 지금은 우리가 사랑해야 할 시간입니다.[5]

우리가 사랑의 말씀을 실천한다면 열혈당원 시몬 같은 사도들이 추구했던 선한 말씀을 계승하는 것입니다. 사랑은 나를 잊게 합니다. 사랑하면 기쁘게 나를 내어놓습니다. 적절한 비유가 아닐 수 있지만, 연인끼리도 정말로 사랑하면 상대를 위해 기꺼이 자신의 모든 것을 내줍니다. 내가 없어지고 내 욕심이 사라져야 사랑이 무럭무럭 자라납니다. 고 김수환 추기경께서도 "사랑은 자신을 내주는 것이다"라는 말씀을 생전에 자주 하셨습니다. 사랑은 나를 잊게 합니다. 사랑한다면 기쁘게 나를 내어 놓아야 합니다.

항상 자신을 내주는 어머니의 사랑도 마찬가지입니다. 예수님과 성모님의 관계를 생각해 보십시오. 엄마가 없었다면 인류의 역사는 단절됐습니다. 어머니의 사랑을 2020년의 케냐 사례에서 되돌아볼

---

5   김병희(2023). 『지금은 우리가 사랑해야 할 시간: 광고가 알려 준 사랑법』, 경기: 한울엠플러스.

필요가 있습니다. 케냐의 한 어머니가 배고픔에 지친 자녀들이 잠들기를 기다리며 냄비에 '돌'을 끓여 음식이 없다는 사실을 감추려한 안타까운 사연이 언론에 보도되었습니다. 케냐 몸바사에서 홀로 여덟 아이를 키우며 사는 페니나 바하티 킷사오는 남의 빨래를 해주며 생계를 꾸려왔지만, 코로나19 시기에 봉쇄 명령이 내려지자 일거리를 잃었습니다. 킷사오는 자녀들을 먹일 음식을 구하기 어려워지자 아이들이 지쳐 잠들기를 바라며 돌을 끓여 식사를 준비하는 시늉을 했습니다. 아이들도 어쩌면 엄마의 식사 준비가 시늉임을 알고 있었을지도 모릅니다. 그럼에도 그녀는 가진 것이 없었기에 그렇게라도 해서 자녀들을 달래려고 했습니다.[6] 눈물겨운 모성애입니다. 자식에게 늘 자신을 내주지만 항상 받기만 하던 자식은 엄마가 돌아가시고 나서야 그 사랑을 절절하게 느낄지도 모릅니다. 엄마의 사랑은 사라지고 없어야 비로소 소중함을 느끼는 산소 같은 것이 아닐까 싶습니다.

나쁜 말버릇이 사회 문제로 떠오른 상황에서 우리는 항상 제자들을 사랑의 언어로 대한 예수님의 가르침을 생각해야 합니다. 말은 그 사람을 나타냅니다. 무심코 내뱉는 말 한마디가 상대방에게 평생 잊지 못할 상처를 남기기도 합니다. 언어폭력은 당하는 사람의

---

6 김서영(2020. 5. 1.). "굶주린 자녀 잠들길 기다리며 돌로 요리 시늉한 케냐 엄마." 연합뉴스.

입장에 따라 받아들이는 기준점이 다르기 때문에, 피해자가 느끼는 상처의 깊이는 아무도 헤아릴 수 없습니다. 오직 당하는 사람만이 알 뿐입니다. 퍼트리샤 에반스는 『언어폭력: 영혼을 파괴하는 폭력에 맞서는 법』(2018)에서 언어폭력은 멍 같은 증거가 남지 않을 뿐 신체 폭행과 다르지 않은 일종의 폭행이나 마찬가지라고 주장했습니다.[7] 언어폭력은 신체폭력 이상으로 엄청난 고통을 남기며, 회복에 필요한 시간은 신체폭력으로 인한 회복기보다 훨씬 오래 걸린다고 합니다. 우리 모두가 깊이 생각해 볼 대목입니다. 우리는 살아가면서 말실수를 하거나 거친 언어를 쓰는 경우가 많습니다. 자신을 위해서도 좋은 언어 습관을 가져야겠지만, 그보다는 상대방을 사랑하는 마음에서 좋은 말을 쓰도록 노력해야 하겠습니다.

"사랑하는 것은 사랑을 받느니보다 행복하나니라……."

신앙에 대한 내용은 아니고 연시의 일부지만 청마 유치환 시인은 「행복」이란 시에서 이렇게 노래했습니다. 사랑이란 받는 것이 아니라 먼저 주는 것이라는 이치를 우리 모두가 가슴에 새겼으면 합니다. 사랑을 실천함으로써 우리는 서로 이해하고 존중하며 더 평화

---

7   퍼트리샤 에반스 저, 이강혜 역(2018). 『언어폭력: 영혼을 파괴하는 폭력에 맞서는 법』. 서울: 북바이북.

로운 세상을 만들어 갈 수 있습니다. 우리가 타인에게 베푸는 사랑
은 다시 자신에 대한 사랑으로 되돌아옵니다.

> "아무에게도 빚을 지지 마십시오. 그러나 서로 사랑하는 것
> 은 예외입니다. 남을 사랑하는 사람은 율법을 완성한 것입니
> 다."(로마 신자들에게 보낸 서간 13, 8)

'사랑의 집'을 방문하는 분들이 일상생활에서 이웃을 자신만큼 사
랑하려고 노력하면 좋겠습니다. 복음 말씀에 나타난 사랑의 씨를
민들레 홀씨처럼 온 세상에 뿌리시기 바랍니다.

12 유다 이스카리옷 사도와 지혜의 집

썰물 때만 건너갈 수 있는 '지혜의 집' 원경 ⓒ 신안군

그곳에 가서 지혜를 얻어 오세요

솔숲 해변에서 11번 '사랑의 집'을 보고 나서 오른 쪽으로 방향을 틀어 조릿대 숲길을 잠시 걷다 보면 고운 모래사장이 나옵니다. 바닷물이 빠진 모래 해변을 건너 딴섬에 도착하면 12번 '지혜의 집'이 오래 기다렸다는 표정을 지으며 길손을 맞이합니다. 위치는 전라남도 신안군 증도면 병풍리 소악도 진섬의 해변 너머 딴섬에 있습니다. 딴섬은 이름처럼 작고 외딴 섬입니다. 예수님을 배반한 유다 이스카리옷 사도를 위해 손민아 작가가 지었습니다. 바닷물이 빠져나가는 썰물 때만 그곳에 갈 수 있습니다. 바닷길을 건너야 한다는 이유로 마지막인 이곳을 건너뛰는 분들도 있는데, 너무 안타까운 선택

고딕 양식 느낌을 주는 붉은 벽돌과 첨탑 ⓒ 신안군

입니다.

딴섬은 모래사장을 건너가야 닿을 수 있는 작은 섬인데 만조(滿潮, 조수의 간만에 의해 바닷물이 가장 꽉 차게 들어왔을 때의 밀물) 때는 갈 수 없습니다. 진섬에서 딴섬으로 갈 때는 노둣길이 따로 없습니다. 노둣길이 없으니 하루 두 번 밀물 때를 전후해서 1시간 30분 씩 모두 3시간은 통행이 불가능합니다. 섬티아고 순례를 시작하기 전에 미리 여행 당일의 물때를 잘 봐서 딴섬 순례를 시도해야 합니다. 딴섬에 있다가 물길에 가로 막히면 서너 시간을 기다려야 빠져나올 수 있습니다. 만약 시간 여유가 있다면 일부러 물이 차오를 무렵에 딴섬에 들어가 아무도 없는 '지혜의 집'에서 혼자서 기도하는 시간을 가져보는 것도 좋겠습니다. 1시간 30분 후에 물이 빠지면 다시 나오면 됩니다.

딴섬에 우뚝 서 있는 '지혜의 집'은 마지막 기도 공간답게 건축 예술의 극치를 보여 줍니다. 붉은 벽돌을 쌓아 완성한 본체에 기와지붕을 얹고 망루 꼭대기에 첨탑을 올렸으니 영락없는 고딕 양식의 건축 예술품이 되었습니다. 붉은 벽돌과 첨탑이 선연한 매력으로 다가오며, 마치 명동성당의 축소판 같다는 생각이 들었습니다. 프랑스 북부의 노르망디 해안에서 1킬로미터가량 떨어진 섬에 있는 프랑스의 몽생미셸(Le Mont Saint-Michel) 수도원을 연상시킨다는 의견도 있지만 지나친 과장 같습니다.

출입문을 열고 안으로 들어가면 꽤 비좁다는 느낌이 듭니다. 두

아기 예수님의 두 팔로 구현된 십자가와 기도대
ⓒ 김병희

명이 들어가면 비좁을 것 같고, 오직 한 사람을 위한 공간 같습니다. 맞은편 벽 쪽에 기도대가 설치돼 있고 바닥에 나무판이 깔려 있습니다. 그리고 눈을 들어 위를 쳐다보니 삼각형으로 꺾이는 맞은편 벽 중앙에 독특한 모형의 십자가가 매달려 있습니다. 그런데 아무래도 이상해 더 가까이 다가가 자세히 보니, 아기 예수님이 팔을 벌리고 있는 조형예술작품입니다. 두 팔을 벌린 자세가 십자가 모양을 만들어 낸 것입니다. 이런 의미가 있기 때문에 혼자서 조용히 기도하기에는 오히려 너 적당할 듯합니다.

집 앞에는 적갈색 벽돌을 나선형으로 쌓아 올린 종루가 별도로 있

확대 촬영한 아기 예수님의 모습
© 김병희

습니다. 종루 꼭대기에는 종탑이 솟아오르다 할미꽃처럼 고개를 숙이고 있습니다. 벽돌을 나선형으로 쌓아 종탑을 뒤틀리고 꼬이게 만든 이유는 뒤틀리고 꼬인 각자의 삶을 되돌아보며 반성하고 돌아가라는 뜻을 담았기 때문입니다. "땡~ 땡~ 땡~. 땡~ 땡~ 땡~. 땡~ 땡~ 땡~. 땡~ 땡~ 땡~!" 순례길의 마지막 장소에 도착한 방문객들은 종탑에 매달린 종을 쳐 보면 좋겠습니다. 종을 12번 천천히 치며 일상의 짐을 하나씩 허공에 날려 버리는 대신 인생의 지혜를 얻을 수도 있지 않겠습니까?

'지혜의 집'은 방문객들에게 많은 생각거리를 안겨 줍니다. 생각하기에 따라 예수님을 배신한 유다가 왜 12사도에 들어가느냐며 반박할 수도 있겠습니다. 당연히 반론을 제기할 수 있습니다. 손민아 작가는 유다가 배신했지만 나중에 잘못을 뉘우치는 제자였다는 사실

12 유다 이스카리옷 사도와 지혜의 집

벽돌을 나선형으로 뒤틀리게 만든 종탑 ⓒ 김병희

순례를 마무리하며 12번씩 치라며 설치한 종 ⓒ 신안군

에 주목해, 그를 배신의 아이콘이 아닌 반성의 아이콘으로 해석했다고 설명합니다. 정말 지혜로운 해석입니다. 유다 이스카리옷 사도의 집을 딴섬이란 무인도에 배치한 것을 어떻게 생각해야 할까요? 그의 배신을 반성하라는 뜻에서 썰물에는 건너갈 수 있고 밀물에는 건너가지 못하는 외딴 섬에 유다를 유배 보낸 것으로 해석할 수도 있겠습니다.

종을 12번 치고 나면 대기점도, 소기점도, 소악도, 진섬, 딴섬에 이르는 12킬로미터의 섬티아고 순례길을 마무리하게 됩니다. 물때에 맞춰 순례를 무사히 마쳤다는 안도감이 몰려오겠지만, 열두 사도의 행적을 조금이라도 본받아야겠다는 다짐이 절로 우러나올 수도 있습니다.[1] 순례를 마무리하면서 지나온 삶을 되돌아보는 것도 좋겠습니다. 그동안 받은 사랑에 조금이라도 보답해야겠다는 지혜를 얻어 가야 합니다. '건강의 집'에서 나오는 길에 모든 분이 종교를 초월해 유다 이스카리옷 사도의 배신과 참회를 생각하며 삶의 지혜를 쌓으시기 바랍니다.

1   조남대(2021. 10. 15.). "1004섬 신안 앞바다 섬티아고 순례길 걸으며." 중앙일보 https://www.joongang.co.kr/article/25015189#home

유다 이스카리옷 사도의 생애와 교훈

유다 이스카리옷(가룟 유다, Iudas Iscariot, Judas Iscariot) 사도는 12사도의 한 사람으로, 예수님을 배신했습니다. 그는 구원받지 못한 제자입니다. 그가 예수님을 은화 30냥에 팔아넘기고 배신한 결과, 예수님께서는 십자가에 못 박혀 돌아가셨습니다. 그는 예루살렘에서 율법 교육을 받은 지식층으로서 율법학자들과도 친하게 지냈습니다. 그리고 예수님의 제자들 모임에서는 재정을 관리하는 역할을 담당했습니다.

성경에서는 그에 대해 이해하기 어려운 복잡한 인물로 묘사합니다. 그는 성욕은 물론 세속적 욕망도 강했다고 합니다. 예를 들어, 『요한복음』 12장을 보면 바르는 향유의 비용에 대해 불평하는 그에 관한 일화가 나옵니다. 성경에서는 그가 가난한 사람들을 돌보려는 동정심에서 그렇게 말했다고 설명하지 않고, 자신이 제자들 모임의 재정 관리 임무를 맡았기 때문이라고 묘사합니다. 그의 인생은 자신의 행동에 책임지지 않는다는 나쁜 본보기를 보여 줍니다. 그는 예수님을 배신한 후에 곧바로 후회했지만, 자신의 죄를 인정하고 용서를 구하기보다 자책하며 자살하는 길을 택했습니다. 이는 우리 모두에게 자신의 죄를 인정하고 용서를 청하는 자세가 필요하다는 사실을 깨닫게 해 줍니다.

유다 이스카리옷 사도(1880. 주니어 알메이다 Almeida Júnior),
209×163.3cm 유화, 브라질 국립미술관 소장

　복음 말씀에 따라 그의 죽음에 대해 다르게 기록하고 있습니다.
그는 예수님이 십자가에 못 박히기 직전에 이미 나무에 목을 매달았
습니다. 『마태오복음』 27장에서는 유다 이스카리옷의 행적에 대해
상세히 기록해 뒀습니다. 유다는 예수님을 배신한 다음에 자신의
배신을 뼈저리게 후회하고, 대가로 받은 은전 30냥을 제사장들에게
돌려주려고 했습니다. 제사장들이 그가 내민 돈을 받지 않자 그는
돈을 성전 안에 던져 넣고 밖으로 나가 자살했다고 합니다. 반면에
『사도행전』에는 그가 "부정한 삯으로 밭을 산 뒤, 거꾸로 떨어져 배

가 터지고 내장이 모조리 쏟아졌습니다."(사도행전 1, 18)라고 기록돼 있습니다.

그는 예수님을 배신한 후에 통렬한 후회와 심리적 고통을 느낀 듯합니다. 그가 배신한 탓에 예수님은 십자가에 못 박혔지만, 배신으로 인해 예수님의 순교와 부활이 이루어집니다. 역설적이게도 그가 배신한 탓에 예수님의 복음 말씀이 더 급속히 퍼져나갈 수 있었을지도 모르겠습니다. 그의 사례는 우리 모두가 죄인이라 예수님께 용서와 자비를 빌어야 한다는 사실을 환기합니다. 유다 이스카리옷 사도의 상징물은 짚으로 엮은 은전 30냥과 검은색 밧줄로 자살한 유다를 뜻하는 제이(J)이며, 축일은 따로 없습니다.

복음 말씀에 나타난 지혜의 숲

유다 이스카리옷 사도는 예수님을 배신하고 유대 지도자들에게 예수님을 넘겨 준 제자입니다. 성경에는 그가 처음에는 집단에서 회계 업무 같은 중요한 역할을 맡았고 신뢰도 얻었지만 예수님을 배신한 인물로 묘사합니다. 그의 배신 때문에 예수님이 십자가에 못박혀 돌아가시게 되자 유다는 배신의 아이콘이자 자기 이익만 추구하는 사람으로 묘사됩니다.

그는 대체로 부정적 측면이 부가돼 왔지만 그의 행동에서 중요한 교훈을 얻을 수 있습니다. 유다의 배신은 그의 개인적인 이익을 추구하는 욕망에 따른 것이었지만, 그의 선택은 결국 그에게도 큰 고통을 안겨 주었습니다. 그의 사례는 세속적인 이익을 추구하는 대신 하늘나라라는 목표와 가치에 집중해야 함을 상기시켜 줍니다. 여기에서 우리는 진정한 지혜를 얻을 수 있습니다.

성경의 여러 말씀에서 지혜는 자신의 이익을 추구하는 것이 아니라 하느님의 말씀을 따르고 이해하는 것과 연결되어 있습니다. 이것은 유다의 행동이 그에게 자신만의 고통을 가져다주었을 뿐 아니라, 그가 이를 통해 예수님의 가르침을 배신했다는 것을 보여 줍니다. 유다의 행동은 진정한 지혜와는 거리가 멀었음을 보여 줍니다. 진정한 지혜는 하느님의 가르침을 따르고 타인을 사랑하는 것을 의미합니다. 유다 이스카리옷과 지혜에 관련된 복음 말씀을 구체적으로 찾기 어렵지만 그의 배신으로 인한 결과를 통해 우리는 지혜에 대한 깊은 교훈을 얻을 수 있습니다.

그때에 열두 제자 가운데 하나로 유다 이스카리옷이라는 자가 수석 사제들에게 가서, "내가 그분을 여러분에게 넘겨 주면 나에게 무엇을 주실 작정입니까?" 하고 물었다. 그들은 은전 서른 닢을 내주었다. 그때부터 유다는 예수님을 넘길 적당한 기회를 노렸다. (마태오 26, 14-16)

이 복음 말씀에서 알 수 있듯이 유다 이스카리옷은 자신의 이기심을 추구하는 선택을 했고, 그 결과 예수님은 체포되어 십자가에 못 박혀 돌아가셨습니다. 그리고 그의 잘못된 선택은 그 자신에게도 파멸을 가져왔습니다. 만약 그가 "메멘토 모리(Memento Mori)"라는 말을 가슴에 새겼더라면 어떤 선택을 했을지 궁금해집니다. 메멘토 모리, 죽음을 기억하라는 뜻입니다. 엘리자베스 퀴블러 로스(Elisabeth Kübler-Ross)는 말기 암 환자 5백여 명을 인터뷰해 죽음의 의미를 설명한 『죽음과 죽어감(On Death and Dying)』(1969)이란 책을 출간함으로써 죽음학 분야의 권위자로 이름을 얻었습니다.[2]

그는 30년 이상을 죽음 연구에 바친 중요하고 본질적인 이유를 삶의 의미를 밝히기 위해 죽음을 연구했다고 고백했습니다. 그렇습니다. 삶이 소중한 이유는 언젠가는 삶이 끝나기 때문입니다. 언젠가는 모두 빈손으로 세상을 떠날 텐데, 유다 이스카리옷은 왜 예수님을 죽음으로 내모는 나쁜 선택을 했는지 이해할 수 없습니다. 하기야 세상 소풍을 끝내면 지상의 모든 것이 헛되고 헛되다는 사실을 잘 알면서도, 우리는 다음날이 되면 언제 그랬냐는 듯 바쁜 일상으로 다시 되돌아가고는 합니다. 그러니 유다 이스카리옷의 선택에 대해서만 꾸짖지 말고 또 다시 애면글면 아등바등 살고 있는 스스로를 바라보며 '내 안의 나'가 나를 꾸짖어야 할 것 같습니다. 복음 말씀에서는 그의 후회와 죽음에 대해 이렇게 설명하고 있습니다.

---

2 엘리자베스 퀴블러 로스 저, 이진 역(2008). 『죽음과 죽어감』. 서울: 이레출판.

그때에 예수님을 팔아넘긴 유다는 그분께서 사형 선고를 받으신 것을 보고 뉘우치고서는, 그 은돈 서른 닢을 수석 사제들과 원로들에게 돌려주면서 말하였다. "죄 없는 분을 팔아넘겨 죽게 만들었으니 나는 죄를 지었소." 그러나 그들은 "우리와 무슨 상관이냐? 그것은 네 일이다." 하였다. 유다는 그 은돈을 성전 안에다 내던지고 물러가서 목을 매달아 죽었다. (마태오 27, 3-5)

유다 이스카리옷 사도의 이야기는 진정한 지혜와 선택에 대해 교훈을 줍니다. 그가 눈앞의 재물에 눈이 멀어 예수님을 배신한 행위는 결국 자신의 파멸을 초래했습니다. 그의 인생은 눈앞의 이익을 추구하는 대신, 장기적이고 영적인 가치에 초점을 맞추는 것이 중요하다는 교훈을 주는 동시에, 진정한 지혜가 무엇인지를 보여 주는 예시입니다. '지혜의 집'을 방문하는 분에게 이 교훈은 매우 중요합니다. 유다의 이야기를 통해 우리는 자신의 욕망과 이기심을 능가하는 더 큰 가치와 목표에 초점을 맞추는 것이 중요하다는 것을 배울 수 있습니다. 또한, 진정한 지혜는 다른 사람을 배려하고, 타인을 위한 행동을 선택하는 데서 나온다는 것을 깨달을 수 있습니다. 이는 우리가 일상생활에서 어떤 선택을 해야 하는지, 어떤 가치를 중요하게 생각해야 하는지에 대한 중요한 가이드라인을 제공합니다.

제자들 가운데 하나로서 나중에 예수님을 팔아넘길 유다 이스카리옷이 말하였다. "어찌하여 저 향유를 삼백 데나리온에 팔아 가난한 이들에게 나누어 주지 않는가?" 그가 이렇게 말한 것은, 가난한 이들에게 관심이 있어서가 아니라 도둑이었기 때문이다. 그는 돈주머니를 맡고 있으면서 거기에 든 돈을 가로채곤 하였다. (요한 12, 4-6)

이 복음 말씀에서는 위선적으로 이기적인 욕구를 드러내며 예수님의 배신자가 되어 가는 유다 이스카리옷에 대해 설명합니다. 그는 돈을 빼돌려 자신의 이익을 추구하려 하지만 결국 자멸하게 됩니다. 그의 사례는 비록 잘못을 저질렀지만 반성하고 다시 제자들 곁으로 돌아왔으면 어땠을까 하는 생각을 해 보게 합니다. 비록 유다가 배신이라는 잘못된 선택을 했지만 우리는 그의 실수에서도 배워야 합니다. 그래야 우리 자신의 삶에서 더 현명한 선택을 할 수 있습니다. 이 복음은 '지혜의 집'을 방문하는 분들에게 중요한 교훈을 줍니다.

먼저, 이 복음은 재물과 재산에 대한 과도한 욕심이 자신을 어떻게 파멸시키는지 우리 모두에게 생각해 보도록 합니다. 재물과 재산이 우리가 살아가는 데 필요한 것이기는 하지만 우리 인생의 최종 목표가 돼서는 안 됩니다. 그 대신에 우리는 이웃을 돕고 사랑하는 문제에는 과도한 욕심을 부려도 좋을 것 같습니다.

다음으로, 이 복음은 우리에게 진정한 지혜란 무엇인지 되돌아보게 합니다. 유다는 이기적인 욕망을 추구하는 데 집중했지만, 그의 잘못된 선택은 결국 그를 파멸시켰습니다. 지혜롭지 못한 판단이었습니다. 그렇다면 결국 자신의 이익만을 추구하지 말고 의리를 지키면서 이웃을 사랑하는 마음이 진정한 지혜라고 하겠습니다.

마지막으로, 이 복음은 우리가 설령 잘못된 선택을 했더라도 잘못을 인정하고 회개하려고 노력하는 자세가 중요하다는 사실을 깨닫게 합니다. 유다의 사례에서 잊지 말아야 할 중요한 교훈입니다. 우리는 누구나 실수할 가능성이 있습니다. 그렇지만 자신의 실수를 인정하고 반성함으로써 다시는 그 실수를 반복하지 않겠다고 다짐하는 자세는 더더욱 중요합니다.

우리는 복음 말씀에서 이웃을 사랑하고 타인을 돕는 것은 물론 재물과 재산에 대한 욕심을 경계해야 한다는 교훈을 얻게 됩니다. 우리가 하느님의 가르침을 따르고 지혜의 집을 짓는데 필요한 중요한 가이드라인입니다. 이 말씀은 일상생활에서의 선택뿐만 아니라 순례길이나 여행할 때도 귀감이 됩니다. 예를 들어, 순례길이나 여행할 때 환경을 보호하고 지역 사회에 선한 영향을 미친다면 이미 지혜로운 사람이 되었다고 할 수 있습니다. 모두의 가슴 속에 무성한 지혜의 숲을 가꾸시기 바랍니다.

12 유다 이스카리옷 사도와 지혜의 집

참고문헌

고종희(2013). "토마스." 명화로 읽는 성인전. 서울: 한길사. pp. 115-123.

김근수(2021). "예수는 누구인가." 예수 평전. 경기: 동녘. pp. 225-234.

김병희(2023). 지금은 우리가 사랑해야 할 시간: 광고가 알려 준 사랑법. 경기: 한울엠플러스.

김병희, 김신동, 홍경수(2022). 보랏빛 섬이 온다: 인구소멸시대의 문화예술행정 이야기. 서울: 학지사.

김원철(2004. 6. 27.) "추기경 김수환 이야기 56: 제44차 서울세계성체대회." 가톨릭평화신문, 779호.

김한수(2022. 3. 20.). "생명의 말씀: 호의호식합니다, 덕분에." 서울주보, 2386, 천주교 서울대교구. p. 2.

노마도즈(2023. 1. 31.). "루벤스의 예수님 그리스도의 12사도 the Twelve Apostles." https://goodoz610.com/10

대한성서공회(2023). 성경전서: 개역한글판. 서울: 대한성서공회.

마리아 발또르따 저, 안응렬 역(1989). 하느님이시요 사람이신 그리스도의 시 (제2권), 서울: 가톨릭 크리스챤.

문화일보(2009. 12. 8.). "사랑과 나눔의 문화, 2009년 새 지평." 문화일보.

박완서(2006). **빈방**. 서울: 열림원.

성녀 소화 데레사 저, 안응렬 역(2011). **성녀 소화 데레사 자서전**. 서울: 가톨 릭출판사.

송미리, 박보민, 강새하늘, 김명준(2021). "한국인 대표 표본의 MBTI 유형 분포 연구: 2012-2020년 자료를 바탕으로." **심리유형과 인간발달(구 한 국심리유형학회지)**, 22 (2), pp. 19-41.

송창현(2008). "예수님과 요세푸스." **가톨릭신학**, 13, pp. 55-80.

신안군청(2023a). "기점·소악도 소개 홈페이지." http://xn─o39aqqe10c 0sbhdt5n5qe.com/?sid=67

신안군청(2023b). "가고 싶은 섬 신안 홈페이지." https://shinan.go.kr/ home/www/page.wscms

엔도 슈사쿠 저, 김윤성 역(2009). **침묵** (3판). 서울: 바오로딸.

엘리자베스 퀴블러 로스 저, 이진 역(2008). **죽음과 죽어감**. 서울: 이레출판.

이동원(2020). **복음으로 세상을 변혁한 열두 사도 이야기**. 서울: 두란노서원.

이백만(2021). "지도에 없는 나라, 교황청." **엉클 죠의 바티칸 산책**. 서울: 바 오로딸. pp. 13-17.

정민(2022). "감추고 지운 다산의 기록." **서학, 조선을 관통하다**. 서울: 김영 사. pp. 655-661.

조남대(2021. 10. 15.). "1004섬 신안 앞바다 섬티아고 순례길 걸으며." 중 앙일보 https://www.joongang.co.kr/article/25015189#home

최성환(2023). "섬속의 섬 기점·소악도." **신안 여행을 위한 문화관광 가이드 북**. 전남: 신안군 관광진흥과.

켄 블랜차드, 타드 라시나크, 처크 톰킨스, 짐 발라드 저, 조천제 역(2018). **칭찬은 고래도 춤추게 한다**. 서울: 21세기북스.

퍼트리샤 에반스 저, 이강혜 역(2018). **언어폭력: 영혼을 파괴하는 폭력에 맞서는 법.** 서울: 북바이북.

한국천주교주교회의 성서위원회(2007). **신약성경: 영한 대조.** 서울: 한국천주교중앙협의회.

홍경수(2022). "기점·소악도 섬티아고 순례길의 건축 미술." 김병희, 김신동, 홍경수. **보랏빛 섬이 온다: 인구소멸시대의 문화예술행정 이야기.** 서울: 학지사. pp. 117-128.

황창연(2015. 11. 8.). "황창연 신부의 죽음 껴안기 3부." 평화방송.

Sonja Lyubomirsky (2007). *The How of Happiness: A New Approach to Getting the Life You Want.* Penguin Books.

찾아보기

인명

내용

찾아보기

저자 소개

김병희 (Kim Byoung Hee)

현재 서원대학교 광고홍보학과 교수이며, 한국공공브랜드진흥원 부원장으로 봉사하고 있다. 가톨릭 세례명은 토마스 아퀴나스이다. 서울대학교를 졸업하고 한양대학교 광고홍보학과에서 광고학 박사학위를 받았다. 한국광고학회 제24대 회장, 한국PR학회 제15대 회장, 정부광고자문위원회 초대 위원장, 서울브랜드위원회 제4대 위원장으로 봉사했다. 그동안 『지금은 우리가 사랑해야 할 시간』(한울엠플러스, 2023), 『보랏빛 섬이 온다』(학지사, 2022)를 비롯한 60여 권의 저서를 출간했다. 또한, 「Analysis of the Interrelationships among Uses Motivation of Social Media, Social Presence, and Consumer Attitudes in Strategic Communications」(2019), 「호스피스·완화의료에 대한 인식 수준과 PR 캠페인의 전제」(2018)를 비롯한 110여 편의 논문을 국내외 주요 학술지에 발표했다. 한국갤럽학술상 대상(2011), 제1회 제일기획학술상 저술 부문 대상(2012), 교육부·한국연구재단의 우수 연구자 50인(2017) 등을 수상했고, 정부의 정책 소통에 기여한 공로를 인정받아 대통령 표창(2019)을 받았다.

이메일: kimthomas@hanmail.net

12사도와 떠나는 섬티아고 순례길

Journey to Seomtiago Pilgrimage with the 12 Apostles

2024년 1월   5일 1판 1쇄 인쇄
2024년 1월 10일 1판 1쇄 발행

지은이 • 김병희
펴낸이 • 김진환
펴낸곳 • **학지사비즈**

  04031 서울특별시 마포구 양화로 15길 20 마인드월드빌딩
대표전화 • 02)330-5114   팩스 • 02)324-2345
등록번호 • 제313-2006-000265호

홈페이지 • http://www.hakjisa.co.kr
페이스북 • https://www.facebook.com/hakjisabook
ISBN 979-11-93667-00-2   03040

정가 16,000원

출판미디어기업 학지사

간호보건의학출판 **학지사메디컬** www.hakjisamd.co.kr
심리검사연구소 **인싸이트** www.inpsyt.co.kr
학술논문서비스 **뉴논문** www.newnonmun.com
교육연수원 **카운피아** www.counpia.com